# 직업상담
## 셀프멘토링
## 노하우

| 오성환 |

디지털 트랜스포메이션 시대,
취업과 진로 성공을 위한 인사이트

프롤로그
Prologue

## 디지털 트랜스포메이션 시대와 직업상담 서비스

　미래산업을 선도하기 위한 기업의 경쟁이 치열해지고 있다. 무한경쟁에서 생존하고 우위를 점하기 위해 디지털 전환(DT, DX : Digital Transformation)은 선택이 아닌 필수인 시대이다. 앞으로 기업은 창의적 사고와 디지털 마인드로 무장한 인사이트를 갖춘 인재에게 의존할 수밖에 없다.
　세상이 바뀌는 속도는 날이 갈수록 빨라지고 있다. 인간이 20년간 정보를 습득하는 보편적 수단이었던 인터넷 검색에 챗GPT가 적용되며 AI 검색 시대가 열린 것이 대표적 사례다. 예상보다 더 빨리 보다 많은 직업이 영향을 받을 것이고 우리 삶의 모습도 바뀔 수 있다.
　기업의 채용문화가 열린 채용, 직무 중심 채용으로 다변화가 되면서 구인자·구직자 모두로부터 채용방식 변경에 따른 직업상담 수요가 증가하고 있다. 직업상담 수요는 베이비부머 은퇴와 노인 인구 증가 등으로 은퇴 이후에도 취업을 원하는 사람들 때문에 폭발적인 증가로 이어진다. 외국 이민 여성과 근로자 등 외국인력 유입, 청년 실업자 증가, 경력단절여성 등의 취업 및 진로 상담에 대한 요구도 꾸준히 늘고 있다.

4차 산업혁명 시대의 급격한 도래, 치열한 경쟁, 진로에 대한 불확실성, 삶의 질 향상이라는 측면에서 '직업상담 르네상스'를 맞이했다. 그로 인해 직업상담에 대한 사회적 수요와 일반인의 관심은 예전보다 많아졌다.

하지만 전문적 직업상담의 경계선이 흐려져서 직업상담 서비스의 질적 저하와 직업상담 전문성은 아직도 신뢰를 받지 못하고 있다.

우리나라의 직업상담 영역은 진로상담 분야에서 직업상담의 정통성이 아직까지는 미비하고 직업상담 서비스의 효용에 대한 불신도 매우 크다. 코로나 이후의 삶에서 직업상담자 위상은 AI(인공지능)나 기계가 대신하기 힘든 업무 영역이 상담이라는 측면에서 보다 더 높아질 것이다.

한국의 고용서비스 담당 인력은 1인당 구직자 605.5명을 담당하고 있다. 이에 반해 독일은 53.4명, 영국은 53.1명, 프랑스는 95.9명, 일본은 222.4명에 불과하다. 우리나라는 선진국에 비해 일자리 관련 인력이 턱없이 부족한 실정이며, 구직자가 제대로 취업알선 서비스를 충분히 받지 못하고 있다는 의미다.

고용서비스 인력 1인당 담당하고 있는 경제활동인구도 열악하다. 한국은 직원 1인당 5,497명인데 반해 독일은 446.7명, 영국은 463.4명, 프랑스는 553.9명, 일본은 2,359.3명이다. 독일 공공기관의 전문 취업지원 인력은 95,000여 명이지만, 한국은 5,300여 명 정도(독일의 5.6% 수준)에 불과하다.

직업상담자는 구직자 인생에 큰 영향을 줄 수 있는 직업상담 업무를 전담한다. 직업상담자는 어떤 직업보다도 사명감과 책임의식을 가지고 임해야 전문가로 인정받을 수 있다.

유능한 직업상담자는 전문적 관심을 유지하면서 개인적 삶을 충실히 살아가고, 슈퍼비전을 통해 지속적인 도움을 받으며, 자신의 주된 이론적 접근을 충실하게 훈련하고, 윤리적인 직업상담자가 되기 위해 노력하며, 자신을 아끼고 잘 돌봐야 한다.

이 책은 여러 직업상담 관계자가 전문 직업상담 컨설턴트로 자기변신을 주도할 수 있도록 나침반과 지침서 역할을 할 것이다. 직업상담에 대해 열정과 남다른 관심을 지닌 직업상담자, 이상과 취업실적의 압박 사이에서 딜레마에 빠진 직업상담자, 자격을 취득하고 본격적으로 상담자 여정을 시작한 초보 직업상담사, 직업상담 실무가 두려운 예비 직업상담자, 경력 확장과 업무역량 개발을 꾀하려는 직업상담자, 커리어 차별화로 개인 브랜드를 구축하려는 직업상담자, 인간관과 철학을 바탕으로 자존감을 높이려는 직업상담자, 고용서비스의 핵심역량 개발에 관심이 많은 직업상담자, 루틴한 행정업무보다 직업상담 컨설턴트로의 자기 변신을 이룩하려는 직업상담자 모두에게 도움이 될 것이다.

  이 책에는 저자만의 소중한 핵심 비법과 생생한 경험이 그대로 녹아 있다. 내용 구성과 전개에서 미흡한 점은 관심을 가지고 지속적으로 수정·보완할 것을 다짐한다. 오늘도 직업상담 현장에서 소명의식을 가지고 막중한 사회적 책무를 묵묵히 수행하는 직업상담자 여러분을 진심으로 응원합니다!

2023년 7월

오 성 환

## 차 례
Contents

프롤로그 / 3

### 제1장 디지털 시대, 직업세계      9
    AI 공습, 일자리      11
    디지털 트랜스포메이션의 미스매칭      17
    MZ세대 취업 실상      24
    뉴노멀 하이브리드 워크      30
    AI 면접·메타버스 플랫폼      35

### 제2장 직업상담자 자존감      41
    기본에 충실한 직업상담자      43
    직업상담자 자질      49
    직업상담자 윤리      54
    유머 감각      60
    자기이해와 개인치료      67

### 제3장 직업상담 서비스      73
    NCS 기반 능력중심 채용      75

| | |
|---|---|
| 직무역량 개발 | 84 |
| 직업상담서비스 직무 | 89 |
| 실무 중심 과정평가형 자격 | 94 |
| MBTI 과몰입 현상 | 100 |

## 제4장 직업상담 슈퍼비전　　　　　105

| | |
|---|---|
| 슈퍼비전 없는 직업상담 | 107 |
| 직업상담 이론과 실제 | 113 |
| 공감적 경청 | 128 |
| 인생은 무의식의 자기실현 역사 | 138 |
| 인문상담 융합 | 142 |

## 제5장 직업상담자 셀프 브랜딩　　　　　149

| | |
|---|---|
| 첫발을 디딘 초보 직업상담자 | 151 |
| 멘토 리더십 | 160 |
| 래포와 관계 형성 | 167 |
| 인맥 네트워킹 | 172 |
| 직업상담 글쓰기 | 178 |

에필로그 / 186
참고문헌 / 188

Chapter

# 디지털 시대, 직업세계

디지털 전환(Digital Transformation)은 선택이 아닌 필수인 시대입니다. 미래의 노동환경에 적응하기 위해서는 AI와 결합하여 가치를 높일 수 있는 일을 찾아야 합니다.

# AI 공습, 일자리

한국은 세계에서 로봇 사용이 가장 활발한 나라 가운데 하나다. 국제로봇연맹에 따르면, 2020년 기준으로 한국은 노동자 1만 명 당 로봇 대수(산업용 로봇 밀도)가 932대로 세계에서 가장 많다. 우리나라의 높은 로봇 집적도는 반도체를 비롯한 전자 산업과 자동차 산업의 발전 때문이며, 현재 진행되고 있는 변화 가운데 미래를 바꿔놓을 수 있는 것은 로봇이다.

AI(인공지능·artificial intelligence)는 오늘날 산업계의 가장 뜨거운 이슈 중 하나다. AI 기술은 우리 사회의 모든 영역으로 확장되며 빠른 속도로 성장하고 있다. AI를 여러 산업에 활용함으로써 보다 효율적인 비즈니스 운영이 가능하다. 소비자에게 제공되는 서비스도 보다 더 정교해져 고객 만족을 확실하게 실현할 것이다.

AI는 일상생활에서부터 엔진, 전기, 컴퓨터와 같이 다양한 산업에 광범위하게 적용되는 기술이다. AI의 핵심적 가치는 비즈니스 응용에서 나온다. 즉, AI는 제조, 서비스, 바이오, 엔터테인먼트, 교육, 금융, 공공서비스 등과 융합 및 응용될 때 고부가가치를 창출한다.

인간은 일 처리를 주도하고 공감하며 가치 결정을 맡을 때 더욱 인간답다. 반복적인 업무, 엄청난 데이터 처리, 단순한 사례가 많은 업무는 AI의 활용도가 높다. 반면에 모호한 정보처리, 복잡한 사례의 판단, 변덕스러운 사람의 마음을 다루는 일은 인간이 맡을 수밖에 없다.

하지만 같은 일이라도 인간과 기계가 협력하면 일 처리를 더 빠르고 효율적으로 해낼 수 있다. 비즈니스 경쟁력을 높이려면 시스템을 설계할 때 인간과 AI가 합심해서 일 처리 효율을 높일 수 있도록 해야 한다. 인간과 AI의 공생 시대가 이미 시작됐다고 볼 때, 기술이 발달할수록 소외당하는 기술소외 계층을 배려하는 준비가 필요하다.

AI 시대에 인간의 창의성은 위협받는 것일까. 인간은 AI를 연결고리로 삼아 창의적 아이디어를 개발하여 기계의 부족한 점을 보완해야 한다. 오히려 인간의 창의성은 더 중요해질 것이다. 앞으로 인간의 창의성, 비판적 사고처럼 인간만이 할 수 있는 영역이 점점 더 중요해진다.

미국 조지메이슨대 타일러 코웬(Tyler Cowen) 교수는 "미래의 노동환경에 적응하기 위해서는 AI와 결합하여 가치를 높일 수 있는 일을 찾아야 한다."라고 말했다. 'AI가 일터에 도입되면 누가 일자리를 잃게 될까?'라고 물었다.

그러자 AI는 '전반적으로는 생산성이 높아져 사라지는 일자리보다 더 많은 일자리가 생겨난다.'고 답했다. 국무총리 산하 한국직업능력연구원의 '데이터 기반 미래숙련 전망체계 구축' 연구진이 최근 발표한 보고서에 나온 내용이다.

영국 옥스포드대 칼 베네딕트 프레이(Carl Benedikt Frey) 교수 등은 『고용의 미래』 보고서에서 702개의 직업군을 분석했는데, 자동화와 기술 발전으로 20년 이내에 현재 직업의 47%가 사라질 가능성이 크다고 전망했다. 가장 가능성이 큰 직종 가운데 하나는 물류·창고였다. 레크리에이션을 활용한 치료처럼 정신적 질환을 돌보는 직업은 '사라질 가능성이 낮은 직업'으로 분류됐다.

가장 민감한 노동시장에서의 AI 위협은 일자리 감소다. AI 등 디지털 기술의 대체는 많은 일자리 감소로 이어질 것이다. AI는 제조업과 서비스 업종은 물론 전문직까지도 대체할 전망이다. 제조업과 같이 오랜 시간 동안 같은 업무를 반복적으로 수행해야 하는 작업은 자동화 기계에 완전히 밀리게 된다.

매뉴얼에 기반한 텔레마케터, 콜센터 상담원, 운송업사, 경비원, 노동 생산직은 물론 전문 서비스 직종(기자, 법률 상담, 회계, 의료, 세무 대리인, 사무직 등) 직업군까지도 대체될 가능성이 높다. 로봇과 컴퓨터 프로그램이 대체할 수 있는 직업군도 가장 먼저 사라질 것으로 전망된다.

미래 유망 직종으로 떠오르는 직업에는 어떤 게 있을까? 앞으로도 수요가 증대되며 고소득과 안정성이 보장될 직업에는 건강과 관련된 직업군(간호사, 물리치료사, 재활상담사)이다. 노인 인구의 증가는 세계적인 추세이며 평균수명 연장으로 노인 인구의 비중이 매우 높아질 것으로 예상되기 때문이다.

소프트웨어 개발자 수요도 계속 증가될 것으로 예상된다. 그리고 수많은 데이터 안에서 필요한 정보를 수집·분석하는 데이터·정보보안 분석가와 태양, 풍력 등 친환경 에너지에 대한 수요가 점차 높아질 전망이다. AI와 직·간접적으로 연계되는 로봇 연구, 소프트 개발 운용·수리·유지 보수 등은 새로운 일자리를 창출할 것이다.

첨단 신기술로 무장한 스타트업이 각종 전통사업 분야로 영역을 확대하면서 스타트업과 기존 사업자 간 갈등이 격화되고 있다. 이전까지 갈등 핵심은 '왜 스타트업이 중간에 끼어서 업체 소개·광고 수수료를 받으며 시장 질서를 해치느냐?'였다면, 최근에는 'AI가 전통 사업자의 역할을 대신하는 것은 위법인가 아닌가?'라는 논쟁까지 등장했다.

대한변호사협회, 의사협회, 치과의사협회, 건축사협회 등 4개 직역 단체가 해당 분야에서 온라인·모바일 서비스를 제공하고 있는 플랫폼 기업들에 공동 대응하는 연대 조직을 출범시켰다. 이들 4개 단체는 모두 플랫폼 기업들과 갈

등을 겪고 있다.

이 단체는 그동안 플랫폼 기업들과 대립해 왔던 공인중개사협회, 택시조합, 약사협회, 한의사협회 등에도 가입을 제안할 예정이다. '올바른 플랫폼 정책 연대'를 만들어 '플랫폼 규제'와 관련된 법률 제정 등을 추진하겠다는 것이다.

AI 기술 기반의 세무 플랫폼 '삼쩜삼'은 '자비스앤빌런즈' 회사가 운영하는 서비스다. 삼쩜삼은 AI 알고리즘(문제를 해결하기 위한 절차나 방법·algorithm)으로 일반인이 하기 어려운 세무신고 업무를 처리하고 세금 환급까지 받을 수 있는 서비스를 제공한다. 누적 가입자가 500만 명이 넘는다. 세무사 업계의 반발과 문제는 사람이 아닌 AI를 통해 일반인이 세무신고를 하는 서비스는 위법이라는 것이다.

부동산 중개 시장도 비슷하다. 공인중개사법 개정을 추진하면서 부동산 중개에 IT를 접목한 프롭테크 업계(직방, 다원중개, 우대빵, 집토스)가 위기를 맞고 있다.

변호사와 의뢰인 간 직접 소통을 내세우는 플랫폼 '로톡(LawTalk)'도 법적 다툼을 벌이고 있다. 대한변협은 '로톡'이 변호사 허위·과장 광고를 통해 변호사법을 위반하고 있다고 주장하며 '로톡' 가입 변호사들을 징계 대상으로 올려 심사 중이다.

대한의사협회와 치과의사협회도 '굿닥' 등 비대면 진료

서비스의 전면 합법화에 반대하고 있다. 전통 산업과 스타트업 간 힘겨루기가 성형 산업 영역까지 확장되고 있다.

미용·성형 관련 의료 온라인 플랫폼 '강남언니' 홈페이지에는 눈·코·가슴 등 부위별 성형 수술, 지방 흡입·이식 등을 다루는 병원 목록이 제공된다. 이용자 후기와 시술 전후 사진까지도 확인이 가능하다. 이에 대해 대한의사협회는 불법이라고 항의하며 논란이 끊이지 않고 있다.

'올바른 플랫폼 정책 연대'는 "무분별한 플랫폼 서비스가 국민의 생명, 건강과 재산 등에 피해를 줄 수 있다는 입장"이다. 그러나 플랫폼 기업들과 소비자 사이에서는 "기득권을 지키기 위해 혁신 서비스를 가로막고 소비자의 선택권을 제약하려 한다."는 우려가 제기된다.

# 디지털 트랜스포메이션의 미스매칭

디지털 트랜스포메이션(DT, DX : digital transformation)은 전반적인 모든 비즈니스 요소에 디지털 기술을 적용해 전통적인 사회 구조를 혁신, 변혁하는 것을 의미한다. 기업은 사물 인터넷(IoT)·클라우드 컴퓨팅·AI(인공지능)·빅데이터 솔루션 등 정보통신기술(ICT)을 플랫폼으로 구축·활용하여, 기존 전통적인 운영 방식과 서비스를 경영 전반에서 광범위하게 혁신을 추진한다.

디지털 기술의 혁신은 새로운 경제·산업혁명을 촉발할 뿐만 아니라, 기존 사회 시스템과 고용구조, 교육제도, 인류 생활양식에도 근본적 변화를 일으키다 기업이 전략, 상품, 조직 및 문화, 일하는 방식, 목표, 프로그램 등 큰 범위를 변화시키는 특징을 가지고 있다.

디지털 경제는 디지털 시스템에 따른 기술이 주도하는

경제이다. 디지털 시스템에 의한 고도의 기술은 경제·사회뿐만 아니라 인간의 감정, 사고방식, 의사소통 양식 등 인간 삶의 모든 영역에까지 침투하여 그 영향력을 넓혀 갈 것이다.

디지털 정보 기술을 이용하는 개인과 기업은 경쟁을 주도하여 많은 수익을 창출하고, 그것을 이용할 수 없는 개인과 기업은 경쟁에서 뒤처져 조만간 경쟁사회에서 사라진다.

디지털 경제는 노동과 자본보다 지식 요소가 생산 과정에서 더 큰 비중을 차지하며 생산에 기여하고 있는 부분도 늘어날 것이다. 우리 사회는 디지털 전환을 거치면서 디지털 격차와 개인정보 보호 이슈, 플랫폼 독과점 등과 같은 갈등이나 다양한 문제에 직면할 수밖에 없다.

신세계를 경험한 인류가 디지털에 기반한 새로운 라이프 스타일을 표준으로 바꿔가고 있다. '포노 사피엔스(phono sapiens)'는 영국 주간지 이코노미스트에서 처음 등장한 말이다. 스마트폰에 의해 삶이 변화될 것이라는 예측을 인류의 조상인 '호모 사피엔스(home sapiens)'에 비유해 만들었다. 대다수 인구가 스마트폰에 의존하는 삶을 살게 된다는 뜻이다.

포노 사피엔스는 이른바 노모포비아 증상이 더욱 심해지고 있음을 보여주는 것이다. 노모포비아(nomophobia : no mobile-phone phobia)는 스마트폰이 없을 때 초조해하거나 불안감을 느끼는 증상을 말한다.

몰려오고 있는 포노 사피엔스에 의해 세상의 모든 문화·경제·사회·정치가 움직이고, 그들 스스로 문명의 표준이 되어 비즈니스 생태계를 재편하고 있다. 이 문명을 받아들인 기업은 폭발적으로 성장해 전 세계 비즈니스 시장을 차지했지만, 반대로 이 문명을 거부한 기업은 거듭된 쇠락으로 경쟁력을 상실했거나 시장에서 사라졌다.

이제 지구촌의 표준 인류는 폰을 사용하는 인류이고 표준 문명은 디지털 문명이다. 일명 'FAANG'라 불리는 대표적 5대 기업 애플, 아마존, 구글, 마이크로소프트, 페이스북, 넷플릭스는 오로지 포노 사피엔스를 위해 비즈니스를 만들고 있다.

'일자리 미스매칭(miss matching)'이란 구인·구직 시장 수급이 맞지 않는 부조화를 뜻한다. 일할 사람이 필요한 곳은 많은데 정작 일할 사람은 없는 상태다. '비어 있는 일자리'가 많은 것이다. 특히, 제조업, 운수 창고업, 숙박·음식업, 도소매업 등에서 빈 일자리가 크게 늘었다.

대학교육의 가장 큰 문제로 대학에서 배출되는 인력이 산업 수요를 충족시키지 못하는 불일치를 꼽는다. 반도체·AI 등 첨단분야 인재를 대학에서 충분히 길러내지 못해 대학 진학률은 높지만 기업은 인력이 부족하다.

대학 졸업장을 갖고 있어도 취업할 때 이점이 다른 국가에 비해 적다. OECD(경제협력개발기구)는 한국 국가별 보고서(country note)에서 이런 부분을 지적했다. 대학을 졸업하면 보통 고용 전망이 저학력자보다 더 좋아지는데, 한국은 예외라고 분석했다.

| 표 1 | OECD 주요국 25~34세 대졸자 고용률

| 순위 | 국가 | 고용률(%) |
| --- | --- | --- |
| 1위 | 리투아니아 | 91 |
| 6위 | 영국 | 90 |
| 8위 | 일본 | 89 |
| 11위 | 독일 | 88 |
| 14위 | 프랑스 | 87 |
| 22위 | 캐나다 | 85 |
| 27위 | 미국 | 84 |
| 35위 | 한국 | 76 |
| 36위 | 튀르키예 | 71 |
| 37위 | 이탈리아 | 70 |
| 38위 | 그리스 | 69 |

자료 : OECD 교육지표 2002

　4차 산업혁명 시대에 가장 우려스러운 점은 기술제품에 의한 노동력 대체 등으로 일자리가 크게 줄어들 수 있다는 것이다. 기술 혁신으로 일자리가 사라질 것이라는 주장은 노동총량 불변의 법칙에 기반을 두고 있다. 노동총량이 일정할 경우 새로운 기술 혁신은 노동총량을 축소하여 결과적으로 일자리 수요를 줄인다는 주장이다.

　4차 산업혁명은 AI와 로봇을 만드는 생산성 향상으로 노동총량 감소의 일자리와 자기표현의 욕망을 충족하는 노동총량 증가의 일자리로 나누어질 것이다. 생산성 증가 일자리는 노동시간을 줄여주고, 자기표현 일자리는 새로운 일자리 창출의 역할을 하게 된다.

AI는 인간의 학습능력, 추론능력, 지각능력, 자연언어의 이해능력 등을 컴퓨터 프로그램으로 실현한 기술을 말한다. AI가 빠르게 보편화 되는 시대, 인간에게 필요한 창의성은 무엇이고 어떤 인재가 살아남을 수 있을까.

앞으로 인간의 창의성, 비판적 사고처럼 인간만이 할 수 있는 영역이 점점 더 중요해질 것이다. 매사추세츠공대의 토드 마코버(Tod Mochover) 교수는 "그동안 창의성은 '새로운 무언가를 만드는 능력'으로 여겨졌지만, 이젠 '무언가를 만드는 과정과 태도'로 봐야 한다."고 제안했다.

AI 기술의 발달과 사회 변화에 대응하는 가장 중요한 전략은 인재 양성, 즉 교육 정책의 변화다. 이에 따라 선진 각국에서는 광범위한 산업 분야에서 AI 기술이 가져오는 변화에 적응할 수 있도록 교육시스템의 혁신을 도모하고 있다. 교육혁신은 AI 시대에 가장 필요로 하는 개혁 분야다.

고등교육의 패러다임을 바꾸고 인류공영에 기여할 혁신적 인재양성을 위한 21세기 미래대학이 출범하게 됐다. 2023년 9월 개교하는 태재대는 한샘 창업자인 조창걸 명예회장이 사재 3,000억을 출연해 설립했다.

태재대는 '4년제 사이버대학'이며 여러모로 독특하다. 재학생 전원이 기숙사 생활을 하면서, 캠퍼스 없이 수업 대부분을 온라인·메타버스에서 하는 '하이브리드(혼합·hybrid) 대학'을 표방한다. 대학 4년간 미국, 중국, 러시아, 일본에서 각각 한 한기씩 머무르며 공부도 한다.

과학과 인간 윤리의 양면성은 언제나 존재하기 마련이다. 기업은 AI의 실용으로 막대한 부를 추구하여 기술 발전과 함께 부의 독점 현상이 한쪽으로 기울어질 수밖에 없다. 따라서 지금 가장 필요한 것은 기술 사용의 올바른 가치 판단에 대한 기준이나 사회적 환원을 위해 다음과 같은 신개념 교육으로의 혁명이다.

첫째, 진로교육이 중요하며 진로자본이 힘을 발휘하게 된다. 나영선 전 한국직업능력개발원장은 "빠르게 변화하는 시대에 발맞춰 진로자본에 관심을 가져야 한다."고 조언했다. 앞으로는 진로자본이 막대한 힘을 발휘하는 시대가 열릴 것이다. 진로자본은 개개인이 일찍부터 얼마나 진로에 대해 관심을 가지고 직무역량을 키웠는지를 하나의 자본처럼 인식하는 용어다.

둘째, 일자리 구조 변화에 대응하기 위해 인재를 양성해야 한다. AI 대체에 취약한 직무 종사자가 전문성을 가지고 적합한 역할을 할 수 있도록 교육 시스템을 개선하고, 직종 간 이동이나 업무 변화에 적응할 수 있도록 재교육·훈련 프로그램을 확대할 필요가 있다.

정부와 기업도 노동시장 변화에 맞춰 직업 재교육 체계

를 강화하고 고용구조를 개편해야 될 것이다. 앞으로 본격적인 AI 시대를 맞이하여 학교의 교과과정은 기술을 이해하고 통제하면서도 인간 고유의 감성과 공감 능력을 키울 수 있도록 설계돼야 한다.

셋째, 융합 교육으로의 빠른 전환이 요구된다. 4차 산업혁명의 키워드는 융·복합이다. 과학·기술·공학·수학을 결합한 융합 교육의 필요성이 커지고 있다. 미국 대학은 자연과학과 인문학을 연결하는 통섭과 전공 간 융합을 통해 창의력 개발과 인간에 대한 이해력을 증진시키는 '소프트 스킬' 제고에 주력하고 있다.

그간 교육시스템은 지식·정보를 가르치고 전달하는 데만 집중했다. 이제 스마트폰만 켜면 모든 정보를 검색해 볼 수 있는 시대인 만큼, 지식 전달보다는 다양한 사고와 문제해결 능력을 키우는 교육이 필요하다. 전통적인 강의식 수업에서 탈피해 수요자(학생) 중심의 문제해결 능력을 개발하고, 탐구학습 방법으로 다방면의 관련 지식이나 기술의 이용 가능성을 높이는 교육이 필요하다.

넷째, 인재 수요를 고려한 교육시스템 개편이다. 평균수명이 연장되고 직업에 대한 불안정성이 점점 더 커진다. 오랜 세월의 학과 체계와 교과목을 유지하고 현실에 안주해온 내 학이 기업 현장과 담을 쌓음으로써 채용시장에서 인력 미스매칭이 발생한다. 대학은 인재 수요자인 기업에 대한 고려 없이 낡은 시스템만을 유지해서는 더 이상 안 될 것이다.

# MZ세대 취업 실상

　MZ세대는 밀레니얼(millenial) 세대와 Z세대를 통틀어 지칭한다. 1981~1996년 태생을 말하는 M세대와 1997~2012년 출생자를 말하는 Z세대를 하나로 묶으면 나이 차이가 최대 31살에 달한다.

　MZ세대는 일반적으로 인터넷, 모바일 장치 및 소셜미디어의 사용 증가와 친숙함을 특징으로 하며, 성장기에 해외여행 경험도 자유롭게 하면서 가치관이 개인주의 성향이 짙다. 이러한 이유로 디지털 원주민이라고 불리기도 한다.

　MZ세대는 조직과 국가를 위해 희생하며 살아온 부모 세대와는 확연히 다르다. 디지털에 익숙한 세대이며 정보에 민감하고 자아실현 욕구가 크다. 자신의 커리어 관리에도 철저하고 조직 생활에서 이직과 직무이동 등의 변화를 두려워하지 않는다.

MZ세대 부모는 베이비붐 세대(1955~1974년생)로 가난에서 벗어나고자 억척스럽게 살아왔다. MZ세대는 여유롭게 살았으며 고학력 집단이다. 대기업 임원 사이엔 MZ세대를 향해 '4요 주의보'란 말까지 돈다. 업무 지시에 '이걸요?' '제가요?' '왜요?' '지금요?'라고 되묻는 후배사원의 흔한 반응을 일컫는 말이다.

코로나19 여파로 채용시장에도 변화가 일어났다. 특히, 언택트(untact) 채용이 확산되면서 화상면접 도입 및 온라인 인·적성검사 등 기업의 채용 프로세스도 달라졌다. 채용시장은 AI 면접, 수시채용 확산, 온라인 인재 채용, 온라인 채용박람회(설명회), 챗봇(Chatbot) 서비스 확산, 평판조회(reference check) 활용의 트렌드로 변화됐다.

구인난에 직면한 IT 기업의 채용 풍속도가 달라지고 있다. 과거에는 대규모 채용을 한 후 신입사원 연수 중 직무교육을 실시했다. 현재는 공개채용을 통한 직무교육 실시보다 필요한 인재를 전문적으로 육성해서 선발하는 '핀셋식 채용'으로 선발한다. 신입사원의 조직생활 조기 적응과 높은 직무만족도 측면에서 효과가 크다.

4대 은행이 소프트웨어(SW) 인력을 양성하는 삼성그룹에 20억 원을 기부하고 '금융 특화 인재'의 공급을 요청했다. '삼성 청년 SW아카데미' 프로그램으로 1년간 1,800시간 이상의 교육을 실시해 컴퓨터 코딩 능력을 개발시킨다.

LG그룹은 AI 대학원을 만들어 필요한 AI 전문 인력을 양성하고 있다. 그밖에도 포스코·KT·네이버 등도 취업준비생을 대상으로 AI·빅데이터·SW 개발자 교육 프로그램을 운영하여 IT 인력을 직접 키운다.

과거 '시험 봐서 뽑는다'에서 '써보고 뽑는다(인턴)'가 됐다가, 이젠 '가르쳐서 뽑는다'로 바뀌고 있다. 직무교육 수료 후 우수자를 선별하는 채용방식으로 진화됐다.

기업은 직무교육만 시키고 채용을 못하면 손해가 아닐까? 신입사원이 비록 입사를 하지 않더라도, 기업은 IT 교육을 받은 인력을 사회에 배출한다는 기업 이미지 제고와 사회공헌 효과를 얻는다.

졸업 후 일할 직장을 찾지 못해 아예 취업을 포기하는 취업 포기자도 크게 늘고 있다. 갈수록 취업 경쟁이 치열해지면서 스스로 취업 문턱을 넘기에는 자신의 스펙이 부족하다고 판단하여 구직활동을 단념한다. 근본적 원인은 일자리 부족이다.

한국경제연구원이 2021년에 전국 4년제 대학 3~4학년 재학생과 졸업생 2,713명을 대상으로 설문 조사한 결과에 따르면, 응답자 중 65.3%는 구직단념 상태로 나타났다. 이처럼 구직을 단념한 가장 큰 이유는 자신이 가진 실력에 비해 취업 문턱이 한없이 높다고 생각하기 때문이다.

'경제 허리'로 분류되는 3040세대(30~49세) 고용률이 계속 감소해, 2020년에는 OECD 38국 중 30위를 기록했다. 한국경제연구원의 통계청 데이터 분석 결과에 따르면, 2020년 우리나라 3040세대 고용률은 76.2%로, 독일(85.8%), 일본(85.1%), 영국(85.1%), 프랑스(81.9%) 등 주요국과 큰 격차를 보인 것으로 나타났다.

한국에서 현재 직장을 다니고 있는 MZ세대 직장인 대부분은 N잡러(여러 직업을 가진 사람·N+Job+Er)를 희망하고 있으며 투잡족이 역대급으로 늘었다. 그 이유는 '하고 싶은 일이 많아서', '자기만족을 위해'를 주로 꼽는다. '생계형' 부업 못지않게 자기계발 또는 자아실현을 위해 투잡의 세계에 뛰어든 셈이다.

다음 내용은 서울의 어느 대학교 강의실에서 교수와 예비졸업생이 마주 대하고 이야기를 주고받은 내용이다. 진로에 고민이 많은 예비졸업생은 발등에 불이 떨어진 취업 준비와 학문의 연속성이라는 자신의 과제에 대한 내적 갈등을 학과 교수에게 진솔하게 이야기했다.

먼 산을 쳐다보든 교수는 한참을 고민하다가 대답했다. "공부를 성실하게 열심히 하다 보면, 직장이 그 안에 있습니다." 교수는 현명한 대답을 함으로써 예비졸업생의 인생 항로에 대해 결정적 예측을 피한 것이다.

교수는 예비졸업생의 취업 성공은 긍정하되, 취업이 학문의 최종적 목적이 아님을 동시에 표현했다. 또한 학문의 길은 장기 레이스이므로 취업 성공에 관련된 공포와 불안을 극복하는 일마저 포함된다는 전언(傳言)도 전달한 것이다.

초로인생(草露人生·풀잎에 맺힌 이슬과 같은 인생)이란

허무하고 덧없는 인생을 비유적으로 이르는 말이다. 교수는 예비졸업생에게 인생이란 계획하거나 예측한 대로 전개되는 것은 아니며, 살아나간다는 것은 우연을 받아들인다는 자신의 인생관을 넌지시 담았다고 볼 수 있다.

스승의 뜻 깊은 말씀에 숨겨진 그런 점까지 읽어내는 제자라면, 아마도 걸어가려는 앞길에 유망한 미래가 그 안에 있을 것이다.

인공지능 회사 오픈AI는 인공지능 프로그램 GPT(Generative Pretrained Transformer)의 최신 버전을 내놓았다. GPT는 딥러닝(심층학습 · deep learning)을 이용해 AI가 문장을 생성하고 사람처럼 언어를 구사하도록 만들어졌다. AI와 채팅할 수 있도록 만든 하위 서비스가 챗GPT다.

2022년 11월에 공개된 챗GPT에는 GPT-3.5 버전이 탑재됐다. 인간이 컴퓨터에 입력한 문장을 인식해 인간 언어로 답변하는 구조다. 이어서 GPT-4는 스마트폰을 통해 찍은 사진이나 사람의 손글씨도 인식하고, 없는 사실을 지어내는 오류도 크게 줄었다.

챗GPT의 가장 뛰어난 점은 사용자가 원하는 '답'을 바로 보여준다는 것이다. 채팅창에 질문을 입력하면 AI가 문장으로 답한다. 온라인에 산재한 자료를 빠르게 수집한 뒤 질문 내용에 맞게 요약해 알려준다.

챗GPT 혁신은 생산성과 경제 생산량을 높일 수 있지만, 노동시장에 상당한 혼란을 초래할 수 있어 위험이 매우 크다. 노동시장의 혼란에 대비해 모든 측면에서 새로운 기술을 규율할 규칙을 신속하게 마련해야 될 것이다.

챗GPT를 잘 쓰는 사람은 압도적인 생산성을 바탕으로 경쟁 우위가 확보된다. 그렇다면 챗GPT로 업무기획안이나 보고서를 작성해도 법적으로 문제가 될까? 챗GPT는 도구에 불과하기 때문에 업무에 관한 최종 책임은 그 도구를 사용한 사람에게 부과된다.

챗GPT는 기존 도구와 달리 새로운 법률적 문제를 일으킬 수 있다. 광범위한 인터넷 정보를 학습해 자동적으로 답변을 생성하는 방식이므로 챗GPT의 답변에는 타인의 저작물, 상표, 특허 등 지식재산이 포함될 수도 있다.

챗GPT의 개발사 오픈AI는 브랜드 표기 가이드라인을 제시하고 GPT 사용을 금지할 것이라고 발표했다. 지구촌 곳곳에서 챗GPT를 활용한 서비스가 나오자 오픈AI가 상표권을 행사하는 것이다. 가이드라인에 따르면 앞으로 특정 서비스명에 GPT를 임의로 붙일 수 없게 된다.

# 뉴노멀 하이브리드 워크

 코로나19 이후 근무방식이 언제 어디서나 유연하게 업무를 보는 '하이브리드 워크(hybrid work)'로 빠르게 전환됐다. 장기적으로 하이브리드 워크가 근무의 뉴노멀(새로운 표준·new normal)로 자리 잡을 것이라는 전망도 나온다.
 IT 기업에 앞서 국내 대기업들은 이미 지난해부터 재택근무를 축소·폐지 중이다. 경기 불황으로 실적 악화에 시달리는 기업들이 코로나 기간 도입했던 재택근무제를 접고 출근제로 전환하고 있다. 재택 장기화에 따른 업무 효율과 생산성 저하를 더 이상 감내할 수 있는 상황이 아니라는 것이다. 기업이 재택근무를 철회하는 건 실적 둔화가 주된 이유이다.
 재택근무 실시는 출퇴근 시 코로나 감염 가능성을 줄이기 위해서였다. 재택근무는 사업장이 아닌 집이나 그 주변에서 스마트폰, 컴퓨터 등 정보통신 기기를 활용하여 공간의 제약 없이 근무를 하는 노동 형태이다.

재택근무의 장점으로는 유연한 스케줄 관리, 어디서나 일이 가능, 출퇴근 시간 절약, 가족과 많은 시간 보내기, 집에서 일하는 자유로움 등이 있다. 재택근무를 하게 되면 개인별로 업무 계획과 실행이 명확해진다. 재택근무는 주거 공간과 소유하고 있는 OA 사무기기에 대해서도 취향을 다르게 한다. 데스크톱 컴퓨터 대신 랩톱(laptop) 컴퓨터를 선호하게 된다.

업무 환경의 변화는 조직풍토를 바꾸게 한다. 과거 농업 사회에서 직장 동료는 이웃이었으며 일자리는 평생직장이었다. 1970년대 산업화는 다양한 곳에 사는 사람들이 모여서 직장 동료로 구성됐다. 매일 출근하던 사무실 공간은 창조적인 조직풍토를 형성하고 새로운 기업문화를 창달했다. 원거리에서 모인 직장 동료 간에 공동체 의식의 함양을 위해, 퇴근 후에도 저녁 식사까지 함께하는 회식 문화도 조성됐다.

오피스 공간의 기준과 정의 또한 바뀌고 있다. 개인별 업무 환경이 시·공간적으로 분리되고 근무방식도 다양해지며 구성원 간 끈끈한 관계를 지속시킬 수 있는 공간 계획의 중요성이 더욱 높아졌다. 사무환경의 변화도 효율적인 공간 구성에 집중하던 이전과 달리, 구성원의 연대·협업·소통을 위한 업무 이상의 공간으로 탈바꿈하고 있다.

오피스(office)를 벗어나 하이브리드, 재택근무, 거점 오피스, 휴양지 워케이션, 전면 원격근무, 블레저(bleisure) 등 다양한 근무방식도 등장했다.

워케이션(worcation)은 휴가지에서의 업무를 인정하는 근무 형태로 일(work)과 휴가(vacation)의 합성어다. 새로운 관광 및 근무 형태로 일의 효율과 삶의 활력을 함께 누릴 수 있어 워라벨(일과 삶의 균형·work and life balance)을 중시하는 MZ세대에게 새로운 근무 방식으로 주목받고 있다.

코로나가 종료되면서 사무실 복귀가 본격화되자 일부 기업들이 보상책의 일환으로 워케이션 제도를 확대하고 있다. 워케이션은 새로운 장소에서 일하면서 좀 더 창의적인 아이디어가 나올 수 있는 데다, 사무 환경이 갖춰진 거점·공유오피스를 이용하는 경우가 많아 일에 집중하기도 수월하다. 다양한 부서 사람들과 소통할 수 있는 것도 장점이다.

거점 오피스는 고객사 밀집 지역이나 임직원 거주지 주변에 공유 사무실을 마련하고 업무를 추진하는 근무 형태다. 글로벌 경기 불황 속에 기업의 '탈(脫)사무실' 바람이 더욱 커지고 있다.

블레저(bleisure)는 업무상 출장(business)과 여가(leisure)의 합성어인데, 직장인들이 휴가지에서 개인 비용으로 체류하며 업무를 본다는 개념이다. 블레저 현상을 가장 잘 보여주는 분야가 항공업계다.

유연근무 목적으로 공유 사무실 운영을 시작한 기업도 있다. 언제, 어디서나 업무에 몰입할 수 있도록 정규 사무실 외에 별도의 유연근무 공간을 마련한 것이다. 회사 바깥에 있는 거점 오피스에서 일하거나 사내에 별도로 지정된 '자율 근무 존'에서 일하는 형태다. 이런 형태는 시간·장소에 구애받지 않고 일하는 조직문화와 창의적인 근무환경을 정착시킨다.

지방자치단체들이 지역경제를 활성화시키기 위해 IT 기업의 원격근무자 유치 경쟁을 벌이고 있다. 제주가 가장 먼저 원격근무자 영입에 나섰다. 휴양지로 인기가 많은 지역들은 워케이션을 하는 대도시 직장인을 끌어들여 휴가철이나 주말뿐만 아니라, 연중 내내 꾸준한 소비가 발생하도록 만들려고 한다.

미국의 월스트리트 저널은 "인구가 적거나 첨단산업이 없는 도시들은 디지털 인재를 유치해 소비 진작과 산업 발전을 기대할 수 있고, 실리콘밸리 같은 대도시에서 일하던 빅테크 임직원은 출퇴근 대란을 피해 생활비가 더 낮은 곳에 살면서 삶의 질을 높일 수 있다"고 보도했다.

부동산 중개·관리 스타트업 직방은 '100% 재택근무, 메타버스(3차원 가상 세계) 출근' 실험을 진행 중이다. 2021년 2월 코로나 종식과 무관하게 영원히 원격근무 지침을 내렸고, 강남에 있던 본사 임차계약을 해지했다. 자체 제작한 가상 사옥 '메타폴리스'에서 관계사 포함, 600여 직원의 아바타가 옹기종기 모여 일한다.

집에서 가상세계로 출근하는 임직원 반응은 다양하다. 회사는 물리적 사옥을 포기한 대신 인재를 얻었다. 과거엔 사옥이 있는 강남 출퇴근이 가능한 사람만 입사했지만, 지금은 전국에서 입사자가 채용된다. 기존 직원들도 전국으로 뿔뿔이 흩어지는 중이다. 앞으로는 채용 범위가 해외 인재로까지 넓어질 것이며 비용도 절감될 것이다.

유연근무와 원격근무가 정착되면서 회사에 출근하지 않고 자유롭게 일하는 디지털 노마드(유목민·nomad)족이 급증하고 있다. 해외 정착에 애먹을 필요 없이 자유롭게 일하며 글로벌 기업의 근무 경력을 쌓을 수 있다는 장점 때문이다.

디지털 노마드 비자 발행국은 인도네시아, UAE, 독일, 이탈리아, 스페인, 크로아티아, 그리스, 포르투갈, 에콰도르 등 53국에 달한다. 원격근무자를 위한 '디지털 노마드 비자'를 발급받으면, 현지에서 취업을 하지 않고 다른 나라 기업에서 원격근무만 해도 장기 체류를 할 수 있으며 면제 혜택도 받을 수 있게 된다.

원격 해외 취업에는 IT 개발, 웹디자인 등이 유리한 직군으로 꼽힌다. 원격 해외 취업은 외국으로 이주하는 것이 아니기 때문에 취업비자 발급도 필요 없다. 유연근무를 통한 비용 절감과 업무효율 증대에 눈을 뜬 다국적기업은 디지털 노마드 채용에 굳이 국적을 가리지 않는다.

# AI 면접·메타버스 플랫폼

최근 채용 시장의 가장 큰 화두는 AI였다. 기업은 AI를 이용해 채용 과정을 효율화했고 AI 분야 전문가를 뽑는 데도 집중했으며, 코로나로 비대면 면접이 확대되면서 'AI 면접'을 빠르게 도입했다. 랜선(인터넷을 연결해주는 케이블·LAN線)을 통한 비대면 면접과 채용이 뉴노멀로 자리 잡으면서 AI 면접이 적극적으로 활용되는 추세다.

채용 AI에는 대화형 소프트웨어가 깔려 있어 언제 어느 때나 지원자와 문자 메시지를 주고받으며 채용 시간을 단축할 수 있다. 채용 결정 후 AI가 신입사원 교육을 맡아 회사 연혁과 조직구성, 시설 등을 안내도 한다.

채용에 AI를 활용하면, 채용 시간의 단축보다는 채용 과정에서 사람의 개입을 줄여 공정성과 투명성을 제고시킨다. 취업준비생은 "기업의 채용 방식이 비대면으로 정착되면서 신경 쓸 게 더 많아졌다."고 불만을 토로도 한다.

과거에는 시험 당일 복장과 교통편 정도만 신경 쓰면 됐으나, 최근에는 화면 속 배경, 주변 소음, 와이파이(무선 인터넷·wireless fidelity) 환경까지 챙겨야 하기 때문이다.

과연 AI와 인간이 매기는 점수가 비슷할까? 인간과 AI의 판단에는 적지 않은 차이가 있으나, 보다 정확하고 객관적으로 인재를 선발하기 위해 AI 면접이 효과가 있다는 것이다.

AI 면접의 주목적은 공정성과 객관성을 보완하고 면접관이 참고할 수 있는 정보를 최대한 제공하는 데 있다. 수많은 데이터를 토대로 하는 AI를 활용하면 면접관의 주관적인 판단이 개입할 여지가 적어 공정한 평가가 가능하다.

AI 면접은 외모나 태도 등에 대해 선입견 없이 평가한다는 점에서 객관적이다. AI 면접은 음성과 영상 정보로 지원자 특성을 파악할 수 있다. 면접관의 주관적 판단 때문에 불이익을 받았다는 불만을 원천 차단하기 위해 AI 프로그램을 활용하기도 한다.

AI 면접의 테스트 방식에는 AI 시스템으로 지원서류의 표절 여부와 오탈자 등을 체크하는 '서류 검사형' AI, 말하는 내용·방식을 평가하는 '대화형' AI, 대화 시 표정이나 심장 박동 등을 확인하는 '생체 반응형' AI 등이 있다.

기업은 대개 지원자가 많은 1차 면접 단계에서 AI 면접 툴을 활용한다. 면접뿐 아니라 인·적성 검사를 따로 치르는 비용을 줄이기 위해 AI 역량검사를 활용하는 경우도 있고, 자기소개서 표절을 가려내기 위해 쓰는 기업도 있다.

　기업이 많이 활용하는 AI 면접 프로그램은 크게 역량검사·분석과 자기소개서 분석으로 나뉜다. 화상 면접으로 진행되는 역량검사는 통상 기본질문과 인·적성 검사를 대체하는 형태의 역량게임, 상황질문, 최종질문으로 이뤄진다. 객관식 질문도 있으며 각종 상황을 주고 짧은 시간 안에 풀어야 하는 사고력 테스트도 진행한다.

　AI 면접은 정답을 맞히는 것보다 문제해결 과정에서 지원자의 안면 근육 움직임을 파악해서 표정 변화를 관찰하고, 목소리 톤이나 빠르기 변화 등 태도에 대한 판단과 의사결정 유형과 집중력 등을 분석한다. 취업준비생은 정답을 맞히는 것보다 침착하게 포기하지 않고 흔들림 없이 문제를 풀어가는 연습이 필요하다.

　알고리즘(algorithm)에 잘 보이려는 마음이 너무 크면, 몸도 굳고 시선도 고정되어 정말 스스로가 로봇과 비슷한 행동을 하게 된다. 구체적으로 예상 질문을 설정하고 컴퓨터 앞에서 편하게 이야기하는 반복 연습을 추천한다.

　AI 면접의 진행단계와 내용은 다음과 같다. 각 질문에 대한 대답은 30~90초 정도이며 불성실한 답변을 할 경우, '응답신뢰 불가' 판정을 받는다. 1단계는 자기소개·기본질문이다.(당신의 장·단점은 무엇인가요?), 2단계는 공감능력을 평가한다.(화면에 보이는 사람의 표정은 어떤가요. 화남, 우울함, 경멸 중에서 선택하세요.), 3단계는 상황 판단 평가이다.(팀 프로젝트에 무임승차 팀원이 있다면, 어떻게 할 것인가요.), 4단계는 심층질문으로 이어진다.(업무 분야에서 꼭 1등을 해야 한다고 생각하나요. 그렇게 생각하는 이유를 말해주세요.)

AI 면접 지원자는 자연스럽게 답변하는 게 가장 좋은 방법이며 화면을 통해 지원동기를 물으면 카메라를 보고 답해야 한다. AI 면접은 기계 앞에서 면접을 보는 것 같아 지원자의 거부감이 클 수도 있으며, 짧은 시간에 빠른 속도로 답변을 해야 하므로 지원자가 역량을 발휘하지 못할 수도 있다.

AI 면접에 대비하고자 종합병원 가상현실 클리닉을 활용하는 경우도 있다. VR(가상현실·Virtual Reality) 기술은 현실이 아닌데도 진짜인 것처럼 보이게 하는 것을 말한다. VR 기기를 머리에 쓰고 의자에 앉으면 눈앞에서 입사·승진 면접 상황이 펼쳐진다.

주위를 둘러보면 옆자리에는 지원자가 등을 곳곳이 세운 채 앉아 있고, 정면에는 가상(假想) 인물인 면접관 3명이 함께 한다. 면접관은 질문을 잇달아 던진다. 면접관과의 눈맞춤, 답변 시간과 맥박수 등이 자동으로 채점되어 '면접 공포를 줄이려면 더 연습이 필요하다'는 진단을 내려준다.

현실을 인터넷 게임 속 가상세계로 확장하는 '메타버스(metaverse)' 바람이 취업·구직 시장에도 불었다. 메타버스는 무언가를 넘어선다(초월) 뜻의 '메타(meta)'와 우주나 세상을 가리키는 '유니버스(universe)'의 합성어다. '세상을 넘어선 곳에 있는 또 다른 세상'이라는 뜻이다. MZ세대가 즐기는 게임처럼 사회·경제·문화 활동이 이뤄지는 3차원의 가상 세계를 가리킨다.

메타버스를 이용한 채용설명회가 활용되며 직무교육과 워크숍을 메타버스 플랫폼에서 진행하는 기업도 있다. 대학교 캠퍼스의 채용설명회도 메타버스 시대로 전환됐다. 코로나로 대면 취업박람회를 열 수 없게 되면서 첨단 기술을 활용한 새로운 구인·구직 풍속도가 등장했다.

코로나 확산 방지를 위해 비대면 가상현실로 진행되는 교육과 워크숍이 많아졌다. 메타버스 플랫폼 활용법을 미처 숙지하지 못하면 공지를 받고도 가상공간에서 어떻게 이동하는지 몰라 애를 태울 수도 있다.

Chapter

# 직업상담자 자존감

직업상담자는 구직자가 평생 현역이 되도록 의미 있고 보람 있는 일을 하는 매력적인 직업이다. 직업상담자에게 가장 중요한 덕목은 구직자에 대한 존경심과 참된 사랑의 마음이다.

# 기본에 충실한 직업상담자

 자격은 지식 체계, 노하우, 자질, 직능 등을 포함하는 포괄적 개념이다. 자격이란 '어떤 일을 수행할 수 있는 자질이나 능력'을 의미한다. 자격기본법은 자격을 '직무수행에 필요한 지식·기술·소양 등의 습득 정도가 일정한 기준과 절차에 따라 평가 또는 인정된 것'으로 정의하고 있다.

 자격은 개인 능력을 보여주면서 노동시장과 교육훈련시장을 연결하는 행동에 영향을 미치는 심리 작용과 원리이며 노동시장에서 신호기능, 동기화기능, 선별기능을 행한다. 세 가지 기능은 서로 긴밀히 연계된다. 즉, 자격의 신호기능이 제대로 작동될 때, 직업능력개발의 동기화가 이루어지며 상담 현장에서 선별 장치로 인정을 받게 된다.

 직업상담사 자격의 첫 번째 기능은 능력 정도를 나타내 주는 신호 역할이다. 두 번째 기능은 사회가 필요로 하는 직업능력개발을 동기화 한다. 세 번째는 취업지원기관에서 인재를 채용할 때 자격을 선별장치로 사용하는 선별기능일 것이다.

자격증(certificate)은 사람이나 사물이 일정한 특성을 지니고 있음을 공식적으로 인정한 것이다. 취업준비생은 자격증 전성시대에 취업, 업무능력 향상, 승진 및 승급에서의 우위, 자기계발 목적으로 자격증을 취득한다. 개인의 자격취득 목적은 노동시장에서 양질의 인력이라는 신호기제(信號機制)만이 아니라 미래에 대한 준비, 취미 등 다양하다.

우리나라의 국가기술자격제도는 교육·훈련보다 검정에 근간을 두고 있다. 최근 NCS(국가직무능력표준·national competence standards)의 도입 및 확산으로 국가기술자격제도가 검정에서 교육 기반으로 전환되고 있으나, 아직도 검정 기반이 골자임은 분명하다.

그동안 검정형 국가기술자격제도는 오랫동안 전 국민의 능력개발과 인재 양성의 중추적 역할을 했지만, 다음과 같은 문제점이 있다.

첫째, 개개인의 직무능력 평가에 한계가 있으므로 '일' 중심의 직업교육·훈련과 자격의 유기적 연계를 강화하여 현장 맞춤형 우수 인재 배출이 가능하도록 보완이 제기됐다.

둘째, 산업 현장의 수요를 제대로 반영하지 못하여 사회가 원하는 인재와 학교가 배출하는 인재 간에 미스매치가 발생했다. 이로 인해 자격증 취득자는 재교육을 받게 됐으며 기업은 추가적 비용이 지출되었다.

셋째, 산업 현장에서 요구하는 지식·기술 등을 충족시키지 못한 결과, 산업 현장에서는 일손이 없어 인력을 수입하는 비정상적 노동시장 구조가 형성됐다.

자격증은 일종의 거쳐 가는 필수적 과정이며 어떻게 보면 매우 기본적인 것이다. 직업상담사가 대다수 구직자로부터 신뢰와 존경을 받으려면 자격검정 과정을 거친 후, 장기간의 상담 경험과 자신의 수련 과정이 반드시 필요하다.

오로지 직업상담사 자격 취득만으로 실력이 있으면서 구직자로부터 호감을 받을 수 있는 직업상담자 요건을 구비한 것으로 볼 수 없다. 자격 취득은 단지 직업상담 세계에 첫 발걸음을 들여놓은 것에 불과하다.

자격증을 취득하고 취업했을 때 업무의 전반적인 사항을 체득하고 전문성을 확보하려면 최소 2년 정도의 슈퍼비전(supervision)이 바람직하다.

대부분의 직업상담사 훈련생은 정부로부터 훈련비를 지원받을 수 있는 국민내일배움카드 훈련과정(일반계좌제훈련과정·과정평가형 자격과정)을 통해 양성되고 있다.

훈련생은 직업상담사에 대한 사전 정보나 개인의 진로설계 및 계획보다 고용복지플러스센터에서 훈련싱딤(총 훈련시간이 140시간 이상인 훈련과정)을 받은 후, 훈련과정 수강을 신청한다. 자격 취득의 목적은 취업지원기관 취업이란 현실적 과제에 매몰될 수밖에 없다.

취업지원기관이란 고용노동부 고용복지플러스센터를 비롯하여 지방자치단체에서 운영하는 일자리센터, 대학교 일자리센터, 중장년일자리희망센터, 여성새로일하기센터 등을 말한다.

고용복지플러스센터와 일자리센터의 직업상담자는 주기적으로 취업알선을 통한 취업률 실적에 부담을 느끼면서 근무한다. 이로 인해 직업상담자의 진로상담 목적은 변질이 되고 직업과 관련된 심층적인 개인상담과 집단상담을 현실적으로 구현하기가 쉽지 않다. 즉, 상담의 질보다 양적 개념으로 직업상담 서비스를 제공하게 된다.

직업상담이 지극히 사무적으로 왜곡되는 편중 현상을 가져온다. 전문가로서의 직업상담과 적성검사를 바탕으로 적합 직업을 찾아주는 등의 업무는 지극히 이론일 뿐, 대부분 형식적인 행정적 업무가 대부분이다.

취업지원기관 근무는 자기발전과 경력관리 측면에서 긍정적 측면도 있다. 직업상담자로서 조직생활을 시스템적으로 경험하고 다양한 구직자와 취약계층과의 상담도 경험할 수 있기 때문이다. 구인업체의 개척·관리와 발굴을 하고 취업박람회의 참여 기업을 모집·관리하는 업무도 수시로 접하게 된다.

직업상담자는 구직자에 대해 진심어린 애정이 있어야 하며 자기 자신을 사랑해야 한다. 자신을 아끼고 사랑하지 않으면 상담 과정에서 구직자를 아끼고 사랑할 수가 없다.

유능한 직업상담자가 되려면 방어하지 않고 솔직하게 있는 그대로 자신을 수용할 수 있어야 하고 진솔하게 구직자와 의사소통하는 것이 중요하다.

직업상담자에게 가장 중요한 덕목은 구직자에 대한 존경심과 참된 사랑의 마음이다. 이를 알려면 자기를 '공정한 관찰자' 입장에서 바라봐야 한다. 내 행동이나 본모습을 관찰한 구직자가 "당신은 존경받고 사랑받을 자격이 충분해"라고 말해줄 때, 직업상담자는 진정한 행복을 느끼면서 배가의 노력을 경주하게 될 것이다.

직업상담자는 인격 함양으로 자신이 가지고 있는 인간관과 가치관을 깊이 있게 바로 세워야 한다. 먼저 인간관을 세우고 인간을 관찰하여 파악하는 시각을 제대로 정립한 후, 다양한 상담학파를 이룬 상담원로가 가지고 있는 인간관도 이해해야 한다.

상담원로가 어떤 인간관을 가졌을 때, 왜 그런 상담기법이 개발되었을까? 그런 다음 상담이론과 치료법을 이해하고 상담기법을 체득해야 한다. 직업상담자는 일차적으로 자신에게 가장 적합한 어느 학파의 한 가지 상담기법을 유용하게 활용할 수 있도록 담금질을 제대로 하는 것이 필요하다.

처음에는 가장 기본적인 상담의 몇 가지 중요 이론을 충실하게 이해하는 것이 중요하다. 상담 업무의 초기에는 모방부터 시작하고, 일정 기간이 지나면 자기 나름대로 방법을 터득한다. 이런저런 경험과 상담 업무의 진행으로 상담 핵심을 파악한 후, 상담 과정에서 구직자에게 적합한 짜깁기를 하면서 자기 것으로 만들어 가는 과정을 거친다.

직업상담자는 자신의 인격과 상담기술을 통합시키지 않으면, 구직자에 대해 효과적 상담과 치료가 잘 될 수가 없다. 상담기술을 배우는 것도 중요하지만, 직업상담자는 먼저 인문학에 대한 소양을 갖추고 인간에 대한 인식을 깊게 하여 상담기술을 제대로 배워야 한다.

# 직업상담자 자질

　우리나라의 직업상담은 1995년 실업률이 2% 내외일 때 도입된 고용보험제도와 함께 발전했다. 고용보험제도 시행과 더불어 시작된 실업급여를 포함한 직업상담 업무는 구직자에게 전문적인 취업알선과 직업상담 서비스를 제공하기 위해 인력은행(서울 등에 3개)을 설치하면서 시작됐다.
　직업상담사 제도는 1996년 7월 이를 담당할 인력으로 민간인 신분의 직업상담사 42명을 선발하여 배치하면서 도입됐다. 고용보험제도는 실업대란을 선제적으로 대응하여 극복하는 데 크게 이바지했으며 직업상담 업무가 활성화되는 획기적인 계기를 마련했다.
　직업안정기관은 확충됐으며 인력 충원과 전문적 직업상담이 필요하게 됐다. 고용노동부는 1998년 3월 '실업문제 종합 대책'으로 직업상담사 1,260명을 대대적으로 채용했다. 채용된 직업상담사는 고용보험과 취업지원이 연계된 실업대책 서비스 체계를 구축하고 고용센터에서 핵심 인력으로 자리를 잡았다.

정부는 2007년 12월에 일반직공무원 행정직군 내에 일반직공무원 직업상담 직렬을 신설하여 고용복지플러스센터 직업상담요원을 공무원 임용 절차에 따라 선발·배치하고, 시험과목에 직업상담·심리학을 주요 선택과목으로 지정한 개정안을 발표했다.

그 후 인사혁신처는 '2018년도 국가공무원 공개경쟁채용시험 등 계획'에서 신설된 직업상담 직렬과 고용노동 직류(구 노동직)를 공개경쟁시험으로 선발했다. 국가공무원 공개경쟁채용시험에서 직업상담사 자격증 소지자에게 가산점도 부여하고 있다. 자격 취득자는 학점은행제에서 기사와 동등한 수준으로 학점도 인정된다.

상담은 우리에게 어떤 의미를 주는 것인가? 일찍이 상담자로서 외길을 걸어왔던 상담원로의 한마디가 몹시도 절실하다. 한국상담대학원대학교 한국상담원로 연구팀은 『한국상담원로 상담자로서의 삶』에서 상담에 대한 진정성 및 전문가로서의 삶에 대해 정리했다.

상담에 관한 이론적 지식과 실제적 기술만 지녔다고 직업상담자가 자질을 모두 갖춘 것은 아니다. 효과적인 상담관계의 발전에는 직업상담자의 사람됨이 크게 작용하므로 직업상담자는 바람직한 인간적 자질을 갖춰야 한다. 직업상담자는 효과적인 상담을 위하여 인간에 대한 선의와 관심, 자신에 대한 각성, 용기, 창조적 태도, 끈기, 유모 등의 여러 가지 자세가 필요하다.

직업상담은 상담의 기본원리와 기법으로 직업을 선택·준비하고 직업생활에 적응하며, 직업전환을 하거나 은퇴하는 과정에서 발생하는 개인 문제를 예방·지원하며 돕고 처치하는 활동이다. 직업상담은 직업문제 인식, 자아개념의 구체화, 일의 세계 이해, 직업선택에 대한 책임, 의사결정능력 개발, 직업의식 형성, 위기관리능력 배양 등을 목적으로 한다.

직업상담자는 구직자에게 진정한 행복을 가져다준다. 직업상담자는 평생직업 시대를 맞이하여 구직자가 평생 현역이 되도록 의미 있고 보람 있는 일을 하는 매력적인 직업이다.

직업상담자는 전문성과 상담 경쟁력을 제고시키면서 개인적 삶을 충실히 살아가고, 슈퍼바이저(supervisor)나 멘토(mentor)를 통해 계속적인 지도를 받으며, 자신이 중요하게 생각하는 주된 이론적 접근을 성실하게 훈련하고, 윤리적인 상담자가 되기 위해 노력하며, 자신을 아낌으로써 자존감을 높여야 할 것이다.

부모 형제, 가족과의 이별은 매우 슬픈 일이지만, 그다음 슬픈 일은 직장생활에서 예기치 못했던 사정 때문에 비자발적으로 직업을 잃게 되는 상황이다. 직업상담자는 상담

했던 구직자가 취업에 성공했다고 연락이 오면, 마치 자기 일처럼 크게 기뻐한다. 직업상담자에게 필요한 일반적 자질을 살펴보면 다음과 같다.

첫째, 자기 자신에 대한 이해다. 직업상담자의 인격, 그것이 바로 상담의 가장 중요한 도구가 된다. 물론 여러 가지 상담기법이나 테크닉도 상담에서 필요하다. 그러나 가장 중요한 도구는 결국 자기 자신이다. 직업상담자는 자기 자신의 품성을 고매(高邁)하게 지니고 '진정한 자기 자신'을 만나야만 제대로 된 상담자가 될 수 있다.

직업상담자는 자신에 대한 상담 능력과 한계, 장단점을 충분히 이해하고 파악해야 한다. 자기 이해를 위해 흥미, 강점 그리고 직업 가치관을 깨닫는 것이 절대적으로 필요하다. 직업상담자는 자기 이해를 통해 직업상담 업무에 대한 본연의 모습과 욕구를 이해하고 앞으로 나가야 할 길을 정할 수가 있다.

둘째, 인내심이다. 직업상담자는 여러 유형의 구직자를 만나게 된다. 좋은 직업상담자가 되기 위한 인내심이란 구직자에 대한 믿음과 관심을 뜻한다.

직업상담자는 "힘들 때 우는 자는 삼류, 힘들 때 참는 자는 이류, 힘들 때 웃는 자가 바로 일류다"라는 문구(文句)를 항상 되새겨야 한다.

셋째, 객관성이다. 감정에 사로잡히지 않으면서 지나치지 않은 동정심을 가진 신중한 태도를 말한다. 또한 도덕적 판단이나 두려움, 충격 등을 그냥 넘겨보지 못하는 뜻 깊은 이해심을 가지고 있어야 한다.

넷째, 구직자에 대한 존경심이다. 직업상담자는 구직자에 대해 존경심을 가져야 하며 실직 상태라고 무시하지 말고 있는 그대로 구직자를 수용해야 한다. 구직자는 직업상담자의 말 한마디에 상처를 받기도 하고 용기를 얻게 된다. 구직자가 문제를 스스로 해결하도록 자유를 주어야 한다.

다섯째, 심리학적 지식이다. 직업상담자는 인간의 본성과 행동 요인에 대한 심리학적 지식이 있어야 한다. 즉, 인간 행동과 신체적·사회적·심리학적 규정 요인에 대한 기초지식을 말한다.

여섯째, 직업정보의 분석 능력이다. 직업상담자는 노동시장, 4차 산업혁명과 미래직업, 미래 산업사회 등에서 나타나는 직업정보에 대한 분석 능력을 갖춰야 한다.

# 직업상담자 윤리

윤리(倫理)의 글자를 해석하면 '윤(倫)'자는 2명 이상의 사람 모임을 의미하며, '리(理)'자는 이치, 지켜야 할 규칙 등을 뜻한다. 윤리란 둘 이상의 사람이 모여 사는 사회에서 지켜야 할 규범이나 이치다.

왜 윤리는 인간에게만 존재할까? 집단생활을 하는 곤충이나 동물도 집단 질서는 존재한다. 그러나 그것은 본능에 의한 것이지 윤리적 행위나 선택에 따른 것이 아니다.

인간은 이성을 통해 체계적이고 복잡한 사고를 할 수 있으며 옳고 그른 것을 판단할 수 있는 능력이 있으므로 윤리적 사고력을 가지고 있다. 윤리적인 인간은 공동이익을 추구하고 도덕적 가치 신념을 기반으로 한다. 그리고 공동생활과 협력을 필요로 하는 인간 사회에서는 '공동 행동의 룰'을 기반으로 하는 윤리적 규범이 형성된다.

직업윤리란 개인윤리를 바탕으로 직업인이 반드시 지켜야 할 공통적이면서 특수한 윤리 규범을 말한다. 직업윤리는 직업의 특수 상황에서 요구되는 별도의 덕목과 규범이다. 특정 국가의 직업윤리 수준은 경제 행위의 근간이 되는 신뢰성, 국가경쟁력, 경제 발전에도 영향을 미친다.

직업윤리는 개인적 차원에서도 매우 중요하다. 특정 개인의 진정한 직업적 성공은 부와 명예를 포함한 그 이상의 것이기 때문이다. 도덕성이 결여된 부와 명예는 사회적으로 인정받을 수도 없으며 결코 그 생명도 길지 않다. 직업상담자가 직업상담 업무를 할 때의 자부심과 긍지는 바로 직업적 성공의 출발점이 된다.

개인윤리가 보통 상황에서 일반적 원리 규범이라면, 직업윤리는 좀 더 구체적 상황에서의 실천 규범이다. 직업윤리는 개인윤리를 바탕으로 성립되는 규범이지만, 상황에 따라 양자는 서로 충돌하거나 배치되는 경우도 발생한다.

직업상담자가 직업상담 업무의 수행에서 양자가 충돌할 경우 직업윤리가 행동기준으로 우선시 될 것이다. 직업상담자는 기본적 윤리기준에 충실하여 개인윤리를 준수하고 공인으로서 직분을 실천하려는 지혜와 노력을 해야 한다.

인간 공동체에는 윤리적 규범이 불가결하고 실제로 존재해 왔다. 직업상담 영역도 하나의 인간 공동체인 만큼 예외가 될 수 없다. 직업윤리에는 직업 일반윤리와 특수 직업윤리의 두 가지 측면이 있다. 직업 일반윤리란 모든 직업인에게 요구되는 내면적 가치체계를 말한다. 특수 직업윤리는 전문 직종에 따라 특수하게 요구되는 특수한 윤리를 의미한다.

상담은 내담자와 상담자 간에 구조화된 상호작용 관계이며 일정한 원리에 기초하여 진행된다. 직업상담은 책임이 요구되는 윤리적 활동이며 특별한 상황에서 옳고 사려 깊은 반성적 사고를 기초로 한다. 직업상담자는 역할을 수행함에 있어서 윤리적 행동기준 문제에 직면하게 된다.

직업상담에서 드러난 구직자에 관한 정보는 비밀이 지켜지는 조건에서 얻어진 정보이다. 따라서 직업상담자는 상담에서의 비밀보장을 구직자에게 약속해야 하며 약속된 비밀은 반드시 지켜져야 한다.

직업상담자는 구직자에게 비밀보장 한계와 상담에서 비밀이 지켜지지 않을 수도 있는 상황이 있다는 것을 설명해 준다. 비밀보장 약속은 구직자가 자신이나 타인 혹은 사회에 대해 심각한 위해(危害)를 가할 것이 분명한 상황에서는 지켜지지 않을 수도 있다.

직업상담자가 구직자를 위한 상담의 중요성을 판단하고 결정하는 가치체계는 직업상담에 지대한 영향을 미친다. 윤리적인 직업상담자가 되려면 가치에 대해 어떤 의견이나 그 내용을 잘 살피거나 따져보아야 한다.

가치체계란 직업상담자의 개인적 생활과 전문가로서의

활동에 영향을 미치는 핵심 신념이다. 가치체계는 구직자 구직역량 평가, 취업목표 설정, 상담 개입 방법, 상담 회기 중 논의 주제, 상담 진행에 대한 평가방식, 구직자 삶의 이해 등 직업상담의 모든 측면에 영향을 미친다.

윤리적인 직업상담자가 된다는 것은 곧 구직자를 소중히 여겨 자상하게 보살피고 측은히 여기며, 보살펴주고 비판적이며, 공감적인 직업상담자가 되는 것이다.

직업상담자는 신념 · 역량 · 자질 · 기운 · 격차를 만들고자 하는 열망 등의 개인적 품성을 개발해 나감으로써, 윤리적이고 도덕적인 딜레마(dilemma)를 다루어 갈 준비를 할 수 있게 된다. 윤리적인 직업상담자가 되려면 도덕적으로 이상 실현을 위한 사려 깊고 인간적인 성품을 지녀야 한다.

직업상담자에게 요구되는 윤리적 행동기준의 필요성은 다음과 같다. 첫째, 직무수행 중의 갈등을 어떻게 처리해야 할 것인지에 대하여 직업상담자에게 기본입장을 제공한다. 둘째, 구직자를 보호할 수 있는 의무 규정을 직업상담자에게 제공한다. 셋째, 직업상담자 활동이 상담의 기능 및 목적에 저촉되지 않도록 보장한다. 넷째, 직업상담이 사회윤리와 도덕적 기대에 부응하도록 보장한다. 나섯째, 직업상담자에게 자신의 사생활과 인격을 보호하는 근거를 제공한다.

윤리적인 직업상담자는 구직자가 상담 회기 중 안전과

신뢰의 느낌을 가질 수 있도록 일관되면서도 유연한 경계선을 수립하고 유지해야 한다. 직업상담자가 개인적 영역과 전문적 영역에서 합리적이고 적절한 경계선을 만드는 것은 상호 연관성이 있다.

다시 말해서 직업상담자가 개인적 생활에서 경계선을 만들고 유지하는 데 어려움을 겪는다면, 직업상담 업무의 전문적 영역에서도 경계선을 관리하는 데 어려움에 직면할 가능성이 커진다.

직업상담자는 윤리적 주체로서 구직자와의 상담에서 적절한 전문적 경계선을 만들고 유지하는 관계를 관리해야 한다. 즉, 직업상담자가 구직자와의 관계에서 경계선 접촉을 이해하고 경계선 침범이 되지 않도록 예방하는 것이다.

경계선 접촉이란 일반적으로 실시되는 상담을 벗어나지만 구직자에게 유익한 상담 방법이다. 반대로 경계선 침범이란 구직자를 해롭게 하는 심각한 침해로 비윤리적 상담 방법을 의미한다.

직업상담자에게 요구되는 전문직 윤리는 직업상담 영역의 독특한 윤리적 규범이며 다음과 같은 특징을 지닌다.

전문직 윤리는 일반인의 특정 공동이익에 기여하므로 의무론적 요소보다 목적론적 요소가 강하다, 전문직이 받는 사례(謝禮)는 노동이 아닌 봉사에 대한 대가이다, 봉사하기 위한 능력개발은 전문직의 의무이다, 전문직은 공정한 봉사를 제공할 의무가 있으며 구직자의 수요 충족이 존립 목적이다, 사실 은폐와 거짓말을 해야 하는 경우는 진실이 구직자 이익에 심각한 손상을 줄 경우이다, 진실의 의무 위반은 사회의 이익 침해, 전문직 자체의 권위와 신임에 큰 상처를 가져온다.

# 유머 감각

매번 반복되는 생활에서 즐거움을 찾기란 쉽지 않다. 상담 현장에서 직업상담자의 재치 있는 말 한마디는 분위기를 180도 전환시키고 생기마저 돌게 한다. 구직자로부터 인기 있는 직업상담자 특징은 상대방을 기분 좋게 만드는 웃음을 가지고 있다는 점이다.

미국 제34대 대통령인 아이젠하워는 유머를 이렇게 정의했다. "나로 인해 누군가가 웃을 수 있고 나로 인해 웃는 사람을 보면 마치 내가 웃지 않아도 행복한 마음을 갖습니다. 우리는 약간의 유머 감각으로 인해 새로운 사람과 쉽게 친해질 수 있습니다."

유머는 최고급 커뮤니케이션 스킬이자 우리 삶의 멋을 만드는 핵심 코드다. 유머는 단 한 마디로 분위기를 반전시키는 커다란 위력이 있다. 대화 중에 직설법이 아닌 간

접적으로 적절히 표현하여 상대방의 급소를 가격하는 것이 핵심인데, 그러기 위해서는 상당한 테크닉, 순발력, 지적 무장(언어지능), 타이밍이 필요하다.

유머는 적절하게 활용되면 여러 가지 치료적 시사를 갖는 임상 도구다. 직업상담자는 적절한 유머를 사용하여 상담 중에 구직자의 긴장감을 풀어주는 것이 중요하다. 유머는 구직자의 저항과 긴장을 없앨 수 있을 뿐만 아니라 구직자를 심리적 고통에서 벗어날 수 있게 도울 수도 있으며 상황을 지각하게 한다.

유머는 인지 정서행동치료에서 가장 많이 사용하는 기법이다. 유머를 통하여 직업상담자는 구직자가 가진 비합리적 사고의 왜곡을 덜 심각한 방법으로 보여주며 구직자 자신이 그것을 깨닫게도 한다. 유머는 구직자의 비합리적 행동이나 책임감 결여와 같은 문제의 직면에 효과적인 상담기법이 될 수 있다.

여기서 직면이란 직업상담자 눈에 비친 구직자의 행동 특성과 사고방식 스타일을 지적하여 구직자가 자신의 모습을 되돌아보고 통찰을 경험하게 함으로써, 구직자의 변화와 성장을 증진시키는 상담기법이다.

유머는 직업상담자가 구직자의 비합리적 신념을 공격하기 위한 것이지 구직자를 공격하기 위함이 아님을 분명히 해야 한다. 직업상담자는 유머 사용에서 타이밍과 민감성이 동시에 필요하다. 유머는 무엇을 말해야 하고 그것을 어떻게 말해야 하는가를 알고 있어야 가능하다.

상담 장면에서 유머는 결코 직업상담자의 품위를 떨어뜨리는 것이 아니다. 유머는 구직자로 하여금 현재 자신의 문제에 대해 새로운 시각을 갖게 한다. 구직자와의 상담 관계가 형성되기 전에 직업상담자가 유머를 사용하는 것은 바람직하지 않다.

유머는 건강한 심리 상태를 의미한다. 하버드 의과대학의 조지 베일런트(George Vaillant) 교수는 행복한 사람의 공통점 중 하나가 성숙한 방어기제라는 것을 알아냈다. 방어기제란 두렵거나 불쾌한 정황이나 욕구 불만에 직면했을 때 스스로를 방어하기 위하여 자동적으로 취하는 적응 행위를 말한다.

그가 말했던 성숙한 방어기제 중 하나가 유머다. 살다 보면 끊임없이 고통스럽거나 긴장된 상황에 놓이게 된다. 이때 부정(부인), 투사, 합리화, 억압, 퇴행 같은 방법으로 자신의 불편감을 회피하는 것이 아니라, 직접 마주하되 웃음을 유발함으로써 고통과 긴장 속에서 잠시 쉬어갈 수 있는 틈을 마련하는 것이 유머다.

유머가 없는 의사표현은 지루하고 경직된 분위기를 연출한다. 1981년 3월 미국 레이건(Ronald Wilson Reagan) 대통령은 저격을 당했다. 미국의 현직 대통령이 저격을 당했으니 대통령 자신은 물론이고, 주변의 경호원과 그 광경을 지켜보던 모든 사람들이 충격과 공포에 휩싸였다. 이때 레이건은 자신을 지혈하는 간호사에게 이렇게 말해서 모두의 긴장을 풀어주었다. "내 아내 낸시에게 허락은 받은 거지?"

유머 유형에는 비언어적·언어적·공격적·정서적 유머가 있다. 비언어적 유머는 비언어적 경로를 통해 나타나는 몸짓, 표정, 행동 등의 신체적 사용으로 나타내는 유머 형태다. 언어적 유머는 음운(音韻·말의 뜻을 구별해 주는 가장 작은 소리 단위), 어휘, 문법, 구문(構文·글의 형식적 짜임새) 등으로 구성된 메시지를 음성으로 표현하여 '말하기'로 듣게 한다.

공격적 유머는 신체적 또는 정서적 방법으로 타인에게 상처를 입히면서 목적을 달성하려는 의도를 지닌 언어적, 비언어적 행동을 통한 유머다. 정서적 유머는 여러 가지 일에 대한 느낌 등 사람의 마음에서 일어나는 다양한 감정 또는 감정을 자극하는 유머로 정의할 수 있다.

산토끼의 반대말은? 이 질문에 '집토끼'라고 하는 사람은 유머 감각이 신통치 않은 사람이다. '판토끼, 알칼리 토끼'라고 말하는 사람은 훌륭한 유머 감각의 소유자다. 적어도 '끼토산' 정도로는 말할 수 있어야 유머 감각을 가졌다고 할 수 있다.

유머 감각이 뛰어난 사람이 성공하는 시대가 열렸다. 50년 전에 데뷔한 배우 윤여정은 '미나리'의 할머니 연기로 2021년 아카데미 여우조연상을 수상하여 유리 천장을 뚫었다.

미나리는 '미국산(産) 한국어 영화'다. 브래드 피트(Brad Pitt)가 설립한 영화사 '플랜B'가 제작했다. 아카데미상은 세계에 생중계되는 할리우드 최대의 쇼다. 마침내 오스카 트로피를 손에 쥔 여배우가 어떤 말을 할지 모두가 집중했다.

시상자인 배우 겸 제작자 브래드 피트가 이름을 호명하자, 윤여정은 도도한 표정으로 박수를 치며 일어나 인사를 했다. 무대에 올라 트로피를 받고 마이크 앞에 선 배우는 정면이 아닌 브래드 피트 쪽으로 고개를 돌렸다. 바야흐로 역사적인 수상 소감이 시작될 참이었다.

"미스터 브래드 피트, 마침내 만나서 반갑다. 저희가 영화 찍을 때는 어디 계셨었나요?" 윤여정 입에서 나온 첫 문장에 폭소가 터졌다. 윤여정은 "제작사 대표님, 우리가 힘들게 촬영할 때 어디서 뭘 하다 이제야 얼굴을 드러냈느냐"고 짓궂게 농담을 한 셈이다. 각본 없는 돌직구 질문에 세계적인 스타 브래드 피트도 웃음을 터뜨렸다.

직업상담자의 상담 경쟁력으로 자리 잡은 유머 감각은 타고나는 게 아니라 만들어지는 것이다. "난 세 살 때부터 유머 감각을 잃었어", "노력한다고 유머 감각이 생기나?"라고 외면하지 말고, 지금부터라도 유머리스트(humorist)가 되기 위한 훈련에 돌입할 필요가 있다.

직업상담자는 지속적으로 유머 감각을 훈련하고 많은 자료를 다양하게 분석하여 상황에 부응하는 유머 사용을 적절하게 할 수 있도록 다음 방법으로 노력을 해야 한다.

첫째, 먼저 웃을 줄 알아야 웃길 수 있다. 직업상담자가 유머 감각을 익히려면 먼저 스스로가 웃을 줄 알아야 한다. 유머 감각과 관계없이 자연스럽게 연출되는 미소는 첫인상을 좋게 만들고 인간관계에도 도움이 된다. 틈틈이 시간을 내어 거울을 보고 웃는 연습을 많이 해본다. 많이 웃다 보면 성격도 밝아지고 긍정적 마인드가 생겨 정신 건강에도 좋다.

둘째, 보디랭귀지(body language)를 적극 활용한다. 유머는 말은 물론 태도, 동작, 표정 등 비언어로도 표현할 수 있다. 직업상담자는 말과 행동, 깜찍한 표정으로 충분히 구직자에게 웃음을 줄 수 있다는 것을 기억한다.

셋째, 유머를 자신이 말하고자 하는 내용과 연계시킨다. 유머 구사는 가능한 앞부분에 하는 것이 좋다. 유머는 주의를 끌고 직업상담자 이야기에 귀를 기울이게 하는 효과가 있다. 유머를 하고 난 다음에는 필히 어떤 식으로든 본론에 연결시키려는 노력을 해본다. 하고자 하는 말이 더 잘 전달될 수 있는 효과를 얻을 수 있다.

넷째, 반응을 잘 살펴야 한다. 구직자 반응을 잘 살펴야 어떤 말과 유머를 좋아하는지 파악할 수 있다. 직업상담자는 구직자기 반응을 잘 보이는 유머를 집중적으로 개발하면 뛰어난 유머리스트가 될 수 있다.

다섯째, 사람에 대한 따뜻함, 휴머니즘을 가져야 한다. 직업상담자가 행복하고 구직자를 즐겁게 하려면 유머에 대해 이런 바탕이 필요하다. 성차별이 깔린 농담, 가학적인 유머, 남의 신체적 약점을 꼬집는 유머는 씁쓸한 뒷맛을 남긴다.

여섯째, 매사를 솔직하게 생각한다. 세상에 솔직한 사람을 싫어하는 사람은 없다. 직업상담자의 솔직함이 없으면 유머 감각이 있으나마나한 유머이다. 솔직함이 호감을 부르는 원천이 된다.

일곱째, 자기만의 말투로 표현한다. 재미있는 사람은 자신감 있는 자기만의 말투를 가지고 있다. 심리학적으로 구직자가 판단할 때는 말의 내용보다 직업상담자의 말투·목소리·표정·제스처에 80%를 맞추고, 나머지 20%를 내용에 맞춘다. "다른 사람이 하면 재미가 있는데, 내가 하면 재미가 없다." 그건 목소리와 말투 때문이다.

# 자기이해와 개인치료

직업상담자는 전문가로서의 상담자와 인간(자연인)으로서의 모습을 동시에 발전시키고 적절하게 균형을 잡기가 매우 어렵다. 직업상담자로서 자기발전에 주력하고 밧줄을 강하게 당기면 당길수록, 그만큼 인간으로서의 개인적 발전은 늘 무너지기 마련이다.

근무 장소에 따라 직업상담 업무에 대한 경력과 연차가 쌓이면, 직업상담 업무의 전문성 제고와 개인의 발전 간에 적합한 균형을 잘 잡을 수 있을까?

직업상담 현장의 업무 강도는 높고 직업상담자의 업무 스트레스는 결코 적지 않다. 개인의 자기발전은 뒷전으로 밀릴 수밖에 없다. 상대적으로 업무 스트레스가 적어도 직업상담자로서 자기발전과 성장에는 한계에 직면한다.

초보 직업상담자는 업무를 추진하고 일을 배우면서 자존

감이 바닥으로 떨어질 수도 있다. 상대적으로 자기계발을 위한 공부나 취미 생활을 할 여유 시간이 점차 줄어든다. 직업상담 업무와 개인 발전의 적절한 균형을 얼마만큼 잘 유지할지는 각자의 몫이다. 직업상담자가 처한 근무환경은 이러한 줄다리기를 쉽게 포기하게 만든다.

저성장 시대의 불경기 지속으로 업무 강도는 훨씬 높아졌지만, 직업상담자에 대한 인식과 처우는 크게 나아지지 않고 있다. 과도한 업무 강도와 스트레스 누적으로 자칫 잘못하면, 초보 직업상담자는 번아웃 증후군(burnout Syndroume) 증상에 시달릴 수도 있다.

번아웃(업무로 인한 탈진·burnout)은 휴식하면 나아지는 피로와 다르며 소진(燒盡)이라는 단어와 의미가 일치한다. 다 타버린 촛불처럼 지친 개인을 암시한다. 그러나 번아웃은 개인의 상태가 아닌 사회 문제이며 열정·희생을 강요하는 조직 문화에서 비롯되는 것이다.

번아웃은 조직 사회의 현실과 우리의 이상 사이 모순에서 발생하며 일터에서의 건강하지 못한 대인관계의 산물이기도 하다. 타인에게 요구를 하고 그만큼 타인을 인정해주지 않을 때와 말과 행동이 일치하지 않을 때 번아웃은 발생된다. 결국 번아웃은 궁극적으로 상대방의 인간적 존엄성을 존중하지 않은 경우에도 나타난다.

전문 직업인으로서 이룰 수 있는 자기발전과 인간으로서 추구해야 할 교양, 이 두 가지를 모두 신경 쓰며 지속적으로 성장할 수 없을까?

　직업상담자 자신이 어떤 해결해야 하거나 처리해야 할 문제를 가지고 있으면 직업상담으로 구직자를 돕는 데에 한계가 드러날 수 있다. 자신의 문제를 알지 못하면 구직자의 두려움에 주의를 집중하지 못할 수도 있기 때문이다.

　보다 중요한 것은 직업상담자가 개인 문제로 인해 어려움을 겪는지 아닌지가 아니라, 그것을 어떻게 다루며 더 깊은 자기이해와 주어진 문제의 해결 방안을 모색하기 위해 최선의 노력을 경주하는 것이다.

　직업상담자가 자기이해를 위한 접근 방법은 다음과 같다. 내 자신을 어떻게 생각하는가, 자신의 욕구를 파악하는 것, 나에게 영향을 준 환경을 평가하는 것, 타인에 대한 이해와 수용의 정도, 비차별적인 행동과 태도에 대한 고민, 책임 있는 자기주장, 자기통제의 정도를 파악하는 것이다.

　이를 바탕으로 직업상담자가 자기이해를 높일 수 있는 실천 방법에는 또래 집단상담 참가, 자조집단 참여, 자기탐색에 초점을 둔 과목 수강·명상·일기 쓰기 등 여러 가지가 있다. 문제가 없는 삶이란 신화일 뿐이다.

　인생 여정에서의 좌절과 직업상담 업무로부터 발생하는 장애나 문제 때문에 직업상담자 자신이 구축한 자아개념은 변화되지 않는다. 긍정적 자아개념을 지닌 직업상담자는 업무 환경이 아무리 변해도 그것을 이겨낼 수 있는 전략을 수립할 수 있다. 또한 어떤 장애도 건강하게 이겨 낼 잠재적 힘이 솟구친다. 결국 인간은 자신이 건강하고 튼튼해야 한다.

얄롬(Irvin D. Yalom)의 저서『삶과 죽음 사이에 서서』에 소개된 '실존적 공허(existential vacuum)', 이것이 현재 우리 모두에게 만연된 문제다. 인간은 사회가 규정하고 명명해 놓은 '성공'이란 삶의 목표 달성을 위해 맹렬하게 질주하고 성취감을 느낀다.

목표 달성을 했다고 생각한 어느 날, 여전히 채워지지 않은 허전함을 경험한다. 바로 이것이 엄습하는 실존적 공허이다. 실존적 공허감은 인간이 삶을 살아가면서 안정감의 상실로 인해 편안하지 않거나 관습 또는 가치의 상실로 인해 내적으로 텅 빈 듯한 허전함을 말한다.

인간의 삶에서 모든 활동에는 가치가 중요한 기능을 한다. 이러한 가치를 내재적 가치와 외재적 가치로 나누어 생각할 수 있다. 외재적 가치는 외부 세계로부터의 보상을 통해 인정받고자 하는 것인데, 내재적 가치는 어떠한 환경을 통제함으로써 자신의 능력을 발휘하는 것이다. 내재적 가치는 본질·자율에 밀접하게 관련되고 외재적 가치는 수단·타율에 깊게 관련되어 있다.

외재적 가치 추구를 위해 자율성, 적절감, 친밀한 인간관계를 희생시켜 가면서 물리적으로는 성공했으나 내면의 공허함을 채울 수는 없다. 삶의 보람이란 일의 보람과 생활의 보람에서 추구할 수 있다. 직업상담자에게 일의 보람이란 직업상담 업무를 통한 진정한 행복 창출이다.

아동정신분석가 멜라니 클라인(Melanie Klein)의 대상관계 이론에서는 3세 이전의 어린 아기가 엄마와 맺은, 두 사람 사이의 대상관계가 평생을 좌우한다고 보았다. 대상관계 이론은 인간과 환경에서 형성되는 개인의 성격구조 및 행동양식을 설명하는 심리치료다.

대상관계를 간단히 말하면 '관계에 대한 개인의 내면적 세계'를 지칭한다. 이 내면적 세계 안의 대상에는 나에 대한 이미지인 '자기 표상'과 남에 대한 이미지인 '대상 표상'이 있다. 이 내적 이미지는 현실 세계에 실제로 존재하는 대상(상대방)을 정확하게 표현할 수도 있고 그렇지 않을 수도 있다.

대상관계 이론은 마음 안에서 자기 표상과 대상 표상이 맺는 관계가 마음을 움직이고 증상을 만들어낸다고 본다. 어릴 때의 대상관계가 건강했으면 마음이 건강하고, 관계가 건강하지 못했으면 마음의 고통과 장애에서 벗어나기가 어렵다는 주장이다.

대상관계 이론에서 가장 중심적인 치료적 요소는 대상(상대방)이 치료자와 함께 경험하는 관계의 질적 요소이다. 심리치료에서도 마치 엄마가 아이를 안아주듯이 치료자가 구직자의 고통과 불안을 함께하며 심리적으로 보듬고 안아주는 환경을 제공하는 것이 중요하다.

직업상담자는 이해심이 있으며 살아있는 감정으로 구직

자의 미숙한 정신 상태에서 나오는 공격적 전이를 받아줄 수 있는 심리적 여유를 지녀야 한다.

여기서 전이(轉移·transference)란 넓은 의미로 보면 구직자가 직업상담자에 대해 느끼는 감정이나 사고이며, 구직자가 과거에 중요하게 생각했던 사람에게 느꼈던 감정을 직업상담자에게 옮겨서 생각하는 것이다. 직업상담자가 지닌 건강한 인격 요소는 구직자의 상처 입은 내면세계를 치유하여 회복시키며 새롭고 건강하게 창조한다.

# Chapter 3

# 직업상담 서비스

직업상담서비스는 직업상담, 취업알선, 전직지원으로 구분된다. 직업상담이란 인간의 생애진로주기와 관련하여 개인 특성에 따라 진로탐색·직업선택·직업적응·직업유지·직업전환·은퇴 등에서 발생하는 직업적 논점을 진단하고 상담·처치하는 일이다.

# NCS 기반 능력중심 채용

　NCS 기반 능력중심 채용은 불필요한 스펙(over-spec)이 아닌, 직무에 필요한 역량을 중심으로 인재를 선발하는 방식이다. 즉, 해당 직무에 맞는 스펙(on-spec)을 갖추었는지를 중요시한다.

　NCS 기반 능력중심 채용은 서류전형, 필기시험, 면접시험에서 기존의 일반평가와 다른 변화를 추구하며 직업기초능력과 직무수행능력을 측정한다.

　직업기초능력이란 직무수행능력을 습득하고 개발하는 데 기본적으로 갖추어야 할 능력임과 동시에, 직무수행능력과 융합되어 근무환경 내에서 직무를 수행하는 데 필요한 직업능력을 말한다.

　직업기초능력은 모든 직업인이 공통적으로 갖추어야 할 능력으로 10개 영역(의사소통능력, 수리능력, 문제해결능력, 자기개발능력, 자원관리능력, 대인관계능력, 정보능력, 기술능력, 조직이해능력, 직업윤리)를 말한다.

직무수행능력은 특정 직무를 수행하는 데 요구되는 전문적인 지식·기술·태도 등의 총체적인 직업능력이다. 취업준비생이 NCS 기반 능력중심 채용의 취지에 맞는 준비를 하려면 다음 사항을 유의해야 할 것이다.

채용공고문에서 지원하려는 직무가 중요시하는 직업기초능력을 우선적으로 파악해야 한다. 그리고 경험과 경력을 고려하여 서류전형과 면접시험에서 활용할 수 있는 자신의 능력을 사전에 정리해 둔다. 또한 어떤 경험이나 교육이 필요한지를 파악하여 적극적으로 보완해야 한다. NCS 기반 능력중심 채용의 특징은 다음과 같다.

첫째, 지원자에게 채용공고에서 직무기술서를 통한 수행업무 및 필요능력을 상세하게 제공해 준다.

둘째, 서류전형에서 불필요한 개인정보는 최소화하고 직무능력 검증에 필요한 항목만 요구한다.

셋째, 필기시험에서 인·적성검사보다 직업기초능력과 직무수행능력을 측정한다. 직업기초능력은 공통적으로 사용되는 직무 상황에서 발생하는 문제해결 능력 등을 중점적으로 평가하지만, 직무수행능력 평가는 선발하는 직무에서 차별적으로 사용되는 지식·기술 등을 측정한다.

넷째, 면접시험은 직무능력을 검증하고자 구조화된 면접(경험면접, 상황면접, PT면접, 토론면접)을 활용한다.

## 입사지원서

NCS 기반 능력중심 채용의 서류전형은 입사지원서, 자기소개서, 경험 및 경력기술서 작성을 요구한다. 모든 채용 단계의 첫걸음이라고 할 수 있는 '입사지원서'는 지원자에 대해 가장 먼저 확인하는 공식 문서이다. 지원자는 입사지원서를 통해 자신의 역량과 경력을 성실하게 어필해야 한다.

기존 채용에서 이력서란 인사 담당자에게 자신이 가장 적합한 지원자라는 것을 인식시키는 서류였다. 지원자는 지원하는 직무를 수행하기 위해 쌓아온 능력을 객관적 근거에 따라 이력서에 구체적으로 작성했다.

NCS 기반 입사지원서는 단순히 개인의 인적사항을 파악하기 위한 것이 아니다. 입사지원서는 기존 채용의 이력서

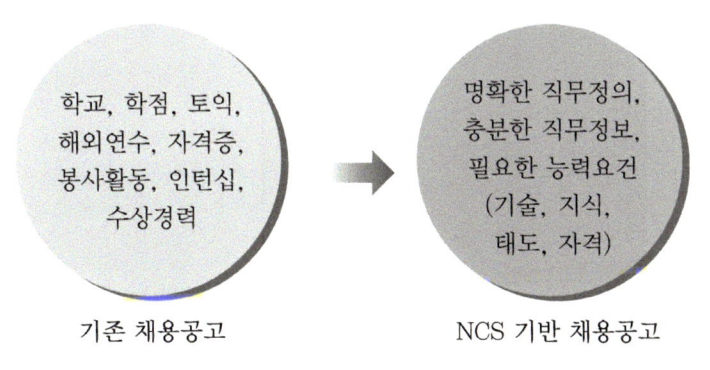

| 그림 1 |  NCS 기반 채용공고

와 다르게 해당 직무의 수행 가능성이 높은 지원자를 선별하기 위한 문서 역할을 수행한다. 이력서는 직무보다 지원자에게 초점을 맞추기 때문에, 직무수행 예측력이 낮고 추상적 질문이 제기되어서 정량적 평가가 어려웠다.

NCS 기반 입사지원서에는 채용 후 직무수행 가능성을 예측해 볼 수 있는 지원자의 구체적인 과거 경력·경험·성과·자격 조건 등이 포함된다. 지원자는 입사지원서를 작성하기 전에 채용 직무별로 조직이 제시한 직무기술서(또는 채용공고문)을 반드시 확인해야 한다.

채용과정에서 NCS 기반 입사지원서가 어떻게 활용되는가를 지원자가 알고 있으면, 인사 담당자의 눈에 들 수 있는 입사지원서 작성이 가능하다. NCS 기반 입사지원서의 작성 내용은 서류전형 평가와 면접시험에서 다음과 같이

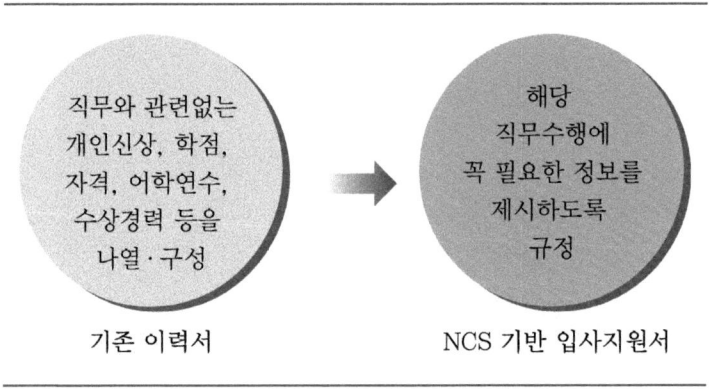

| 그림 2 | NCS 기반 입사지원서

활용된다.

첫째, 입사지원서를 평가하여 '직무 특성'과 '조직 특성'이 반영된 서류평가를 실시한다. 둘째, 입사지원서는 면접시험 현장에서 질문의 토대로 활용되어 지원자의 직무수행능력을 평가한다.

## 자기소개서

자기소개서가 취업 현장에서 중요한 승부처가 된다. 자기소개서는 인사 담당자가 지원자의 성격과 태도, 지원동기와 직무역량 등의 정보를 얻기 위해 활용하는 서류다. 지원자가 지원직무를 분석하여 직무에 맞는 지식과 역량, 경험을 구체적 사례로 뒷받침할 때 더욱 의미 있는 자기소개서가 되며 인사 담당자를 설득할 수 있다.

NCS 기반 자기소개서는 기존의 자기소개서와 다르게 지원자의 지원동기(조직·직무) 및 조직 적합성(핵심가치·인재상), 직업기초능력을 평가하기 위한 질문 문항으로 구성되어 있다. 자기소개서는 평가와 더불어 면접 현장에서 지원자에 대한 이해 자료로도 활용된다.

자기소개서는 인사 담당자가 짧은 시간에 이해할 수 있도록 구조화가 요구되며, 지원자의 강점과 경험이 조직 생활과 직무 수행에 연계될 수 있는 근거를 제시해야 한다.

차별화된 자기소개서를 작성하려면 다음 준비사항이 필요하다. 첫째, 지원자가 원하는 기업과 업종에 대해서 관심을 갖고 정보와 자료를 준비한다. 둘째, 깊은 사고를 요구하는 문항에 대비하고자 인문학적 소양을 축적한다. 셋째, NCS와 직업기초능력, 직무수행능력에 대해 이해한다. 넷째, 자신만의 스토리를 구성한다.

자기소개 영상은 자기소개서에서 알 수 없는 지원자 이야기를 자유 형식의 동영상을 통해 풍부하게 만든다. 지원자는 2분 이내의 영상에 자기소개와 지원동기를 담아서 제출한다.

자기소개서는 분량이 길고 복잡해 작성하기가 쉽지 않은데, 자기소개 영상은 주요 활동이나 성과를 시각 자료와 함께 창의적으로 보여 줄 수 있으므로 편리하다. 정량적 스펙을 나열하는 자기소개서는 다른 지원자의 지원서류 사이에서 돋보이기가 어렵다. 자기소개 영상은 창의력, 자신감, 센스 등의 역량을 쉽게 강조할 수 있다.

## 경험 및 경력기술서

NCS 기반 자기소개서가 지원자의 사고력을 보여주는 통찰형 진술이라면, 경험기술서와 경력기술서는 지원자의 경험을 진술하는 서류라고 볼 수 있다. NCS 기반 능력중심 채용은 지원자의 경험과 경력을 바탕으로 개인의 직무능력을 중점적으로 분석한다.

여기서 경험이란 행위에 대한 기억만 남아 있는 활동이고, 경력은 행동을 통해 돈을 벌었던 활동이다. 경험기술서는 일정한 대가를 받지 않고 일을 했던 경험을 기술하며, 경력기술서에는 일정한 대가를 받고 일을 했던 경력을 기술한다.

경험 및 경력기술서는 입사지원서에서 작성한 경험 및 경력 사항에 대해 당시 맡았던 역할, 주요 수행업무, 성과에 대해 상세하게 기술하도록 요구한다. 경험 및 경력기술서의 작성 내용은 입사지원서의 경험 및 경력 항목에서 작성된 내용의 진위여부를 판단하거나, 면접 시에 지원자의 이해 자료로도 활용된다.

## NCS 기반 면접

기존 채용의 면접은 질문 내용이 단편적이고 직무 수행과 무관한 내용이 포함되어서 비체계적인 면접 진행이었다. 기존 채용의 면접과 NCS 기반 면접 평가의 가장 큰 차이점은 평가 질문과 직무와의 연관성에 있다. 그리고 평가 항목에 따라 체계적으로 면접이 진행되는 것이다.

NCS 기반 면접 문항은 직무능력과 관련한 경험, 업무수행 과정에서 발생 가능한 상황에 대한 대처방법, 특정 직무 주제에 대한 의견 등으로 구성된다. 면접 문항이 매우 구체적이고 직무와의 연관성이 높다. NCS 기반 면접의 특징은 다음과 같다.

첫째, 역량면접이다. 역량면접이란 지식, 기술, 태도에 대한 전문적이고 체계적인 구조화된 면접기법이다. 구조화된 질문 및 다양한 면접기법을 활용하여 심층적으로 역량평가를 한다. 업무와 관련 없는 추상적인 질문 대신 직무 관련 면접을 실시한다.

둘째, 직무면접이다. 직무면접은 구체적인 면접 문항으로 질문한다. 업무를 수행할 때 문제가 발생할 경우 지원자가 이를 어떻게 해결할 것인지, 직업 윤리관은 어떠한지, 업무에 대한 전문지식 및 업무역량 등을 파악하는 것에 중점을 둔다.

셋째, 구조화된 면접방식이다. 면접의 구조화란 면접의 절차, 평가역량, 질문 및 판단기준이 사전에 명확히 정의되어서 모든 면접관에게 공통적으로 적용되는 것을 말한다. 면접의 구조화가 강조되는 것은 면접의 타당성을 높여주고 면접의 객관성과 공정성에 기여하여 개선을 가능하게 하기 때문이다.

구조화된 면접의 대표적인 방식이 상황면접과 경험면접이다. 상황면접의 경우 질문 초점이 미래의 직무 상황에 맞춰져 있는 반면에, 경험면접은 질문 초점이 과거의 경험에 맞춰져 있다.

상황면접이란 향후 직무수행 과정에서 접할 수 있는 상황을 제시하고 지원자가 어떻게 행동할 것인가를 묻는 면접방식이다. 경험면접은 단답형이 아니며 면접관이 원하는 유형의 답변을 얻을 때까지 구체적으로 계속 진행된다.

코로나로 인해 기업 대면 면접에서도 마스크를 착용한

다. 지원자는 마스크가 사실상 신체 일부처럼 되어 안전하면서도 효율적으로 소통할 수 있도록 마스크 매너에 유의해야 할 것이다.

첫째, 먼저 마스크 착용 여부를 확인하고 양해를 구하라. 둘째, 침착하게 질문을 재확인하고 답변하라. 셋째, 천천히 목소리 톤과 성량을 높여 말하라. 넷째, 비언어적 소통법(눈빛, 몸짓 등)을 활용하라. 다섯째, 입을 1.5배로 벌리고 복식호흡으로 숨을 쉬어라. 여섯째, 마스크는 흰색을 사용하여 단정하고 신뢰감 있는 인상을 전하라.

# 직무역량 개발

그동안 우리 주변의 주요 키워드는 미래 사회에 대비하여 변화, 창의성, 깨달음, 이노베이션, 통찰, 아이디어, 도전, 모험, 행복, 열정 등이었다. 이제부터는 언급된 키워드 외에 세상을 바꿀 수 있는 단어로 'NCS(국가직무능력표준· National Competency Standards)'를 꼽는다.

NCS는 산업 현장에서 개인의 성공적 업무 수행을 위해 필요한 직무능력을 표준화한 것이다. NCS란 현장에서 직무수행에 필요한 능력(지식·기술·태도)를 국가가 표준화한 것으로, 직무의 능력요건에 대한 '국가표준 DB'라고 할 수 있다.

NCS는 해당 직업 내에서 소관 업무를 성공적으로 수행하기 위해 요구되는 실제적 수행능력과 포괄적 수행능력을 의미한다. 실제적 수행능력은 직무수행능력을 평가하기 위한 최종 결과 내용을 반영한 것이며, 포괄적 수행능력은 해당 직무를 수행하기 위한 모든 종류의 수행능력(작업능력·작업관리능력·돌발상황 대처능력·미래지향적 능력)을 말한다.

NCS 분류는 직무유형(type)을 중심으로 NCS의 단계적 구성을 나타내며 NCS 개발의 전체적인 로드맵을 제시한다. NCS 분류는 한국고용직업분류(KECO : Korean Employment Classification of Occupations) 등을 참고했으며 대분류 → 중분류 → 소분류 → 세분류 순으로 구성되어 있다.

NCS는 교육훈련과 자격의 현장성을 강화하고 인적자원 개발의 효율화를 위하여 다음과 같은 필요성이 제기된다. 첫째, 산업 현장과 교육훈련·자격제도의 불일치를 해결한다. 둘째, 산업 현장의 요구사항을 학습하고 훈련함으로써 입직 시 재교육 등의 사회적 비용을 절감한다. 셋째, 교육 수료 또는 자격 취득 후 바로 현장에 투입 가능한 인력을 양성한다. 넷째, 불필요한 스펙 쌓기 문화를 해소한다. 다섯째, 산업 현장에서 꼭 필요한 직무능력을 습득하게 한다. 여섯째, 일 중심의 평생학습을 촉진시킨다. 일곱째, 자격의 국제화를 촉진한다.

취업준비생은 직무와 무관한 영어 성적이나 불필요한 스펙보다 자신이 일하고자 하는 직종, 직무에 맞는 직무능력을 전략적으로 개발하는 것이 유리하다. 직무능력은 직업기초능력과 직무수행능력으로 구분한다.

취업준비생이 비좁은 취업 관문을 무난하게 통과하려면, 자신의 전공과 관련된 NCS 학습모듈의 해당 능력단위에 대한 직업기초능력과 직무수행능력 학습에 배가의 노력이 경주돼야 한다.

능력단위란 NCS 분류의 하위단위이며 NCS의 기본 구성요소에 해당된다. NCS는 직무에 필요한 능력에 해당하는 10~20개의 능력단위로 구성되어 있다. 능력단위는 몇 개의 능력단위요소로 구성되는데, 요소별로 직무수행에 필요한 수행준거, 지식·기술·태도, 적용범위 및 작업상황, 평가지침, 직업기초능력 항목으로 제시된다.

NCS가 현장의 '직무요구서'라면, 학습모듈은 NCS 능력단위를 교육훈련에서 학습할 수 있도록 구성한 '교수·학습 자료'이다. NCS 학습모듈은 구체적 직무를 학습할 수 있도록 이론 및 실습과 관련된 내용을 상세하게 제시한다.

NCS를 활용하면 어떤 점이 좋을까? 첫째, 기업은 NCS를 활용해서 조직 내 직무를 체계적으로 분석하고 직무 중심의 인사 제도(채용, 배치, 승진, 교육, 임금)을 운영할 수 있다.

둘째, 취업준비생은 기업이 어떤 능력을 지닌 사람을 채용하고자 하는지를 명확히 알고, 이에 맞춰 직무능력을 키울 수 있어 스펙 쌓기 부담이 줄어든다.

셋째, 교수자(교육훈련기관, 교사, 교수)는 NCS를 활용하여 교육과정을 설계함으로써 체계적으로 교육훈련과정을 운영할 수 있고, 이를 통해 산업 현장에서 필요로 하는 실무형 인재를 양성할 수 있다.

넷째, 국가기술자격이 직무 중심으로 개선되어 실제로 그 일을 잘할 수 있는 사람이 자격증을 취득할 수 있다.

평생직업 시대를 맞이하여 취업준비생은 취업 성공을 위하여 치알디니(Robert B. Cialdini) 교수가 강조한 '스몰빅(small big)'을 연상하고 취업전략을 수정하여야 할 것이다. 즉, 스몰빅이란 '다른 사람을 설득하고 영향력을 미치려 할 때, 최소 시간과 노력으로 최대 효과를 낼 수 있는 방법'을 말한다.

이제부터 취업준비생은 스펙 쌓기를 멈추고 자신이 지원하려는 분야를 정립한 후, 그 분야의 NCS를 체득하는 것이 가장 효과적인 방법이다.

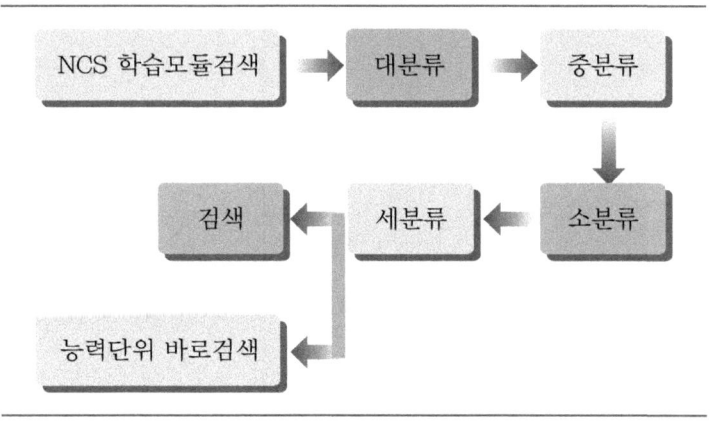

| 그림 3 | NCS·학습모듈 검색 이용 가이드

그러기 위해서는 단편적인 지식 위주의 암기식 문제 풀이에서 벗어나야 한다. 다양한 직무와 문제 상황을 해결할 수 있도록 인문학적 소양이나 문제해결 능력의 뒷받침이 필요하다.

취업준비생은 먼저 NCS 사이트에 접속해서 자신이 관심을 두고 있는 직무자료를 다운로드 받는다. NCS는 모든 직무의 표준능력 요건과 수행준거와 평가기준도 제시한다. 직무자료를 다운로드 받은 다음에는 그 내용을 숙지하고 계획을 세워 차근차근 준비해야 된다.

# 직업상담서비스 직무

　고용서비스는 일자리에 관련된 서비스를 종합적으로 제공하여 개인의 평생 직업활동, 기업의 경영활동, 국가 인적자원의 효율적인 활용을 지원하는 국민경제의 핵심 인프라 서비스다. 고용서비스는 고용정보, 직업 및 진로지도, 취업지원, 직업능력개발, 실업급여 등을 제공함으로써 개인의 직업관련 활동과 기업의 인재 확보를 지원하는 기능을 한다.

　관련 법령의 고용서비스 개념을 알아보면 다음과 같다. 직업안정법에서는 "구인자 또는 구직자에 대한 고용정보 제공, 직업소개, 직업지도 또는 직업능력개발 등 고용을 지원하는 서비스"라고 정의하고 있다.(직업안정법 제2조의 2)

　그 하위개념인 직업소개는 "구인 또는 구직 신청을 받아 구직자 또는 구인자를 탐색하거나 구직자를 모집하여 구인자와 구직자 간에 고용계약이 성립되도록 알선하는 것"이다.

직업지도는 "취업하려는 사람이 그 능력과 소질에 알맞은 직업을 쉽게 선택할 수 있도록 직업적성검사, 직업정보 제공, 직업상담, 실습, 권유 또는 조언, 그 밖에 직업에 관한 지도"를 의미한다.

고용정책기본법 제6조(국가와 지방자치단체의 시책)에서는 고용서비스를 "구직자 또는 구인자에 대한 고용정보 제공, 직업소개·직업지도 또는 직업능력개발 등 고용을 지원하는 업무"로 정의하고 있다. 정부가 고용서비스 시책을 수립해야 할 대상으로는 '근로자', '실업자', '불완전취업자', '비경제활동인구', '취업취약계층', '사업주'가 해당된다.

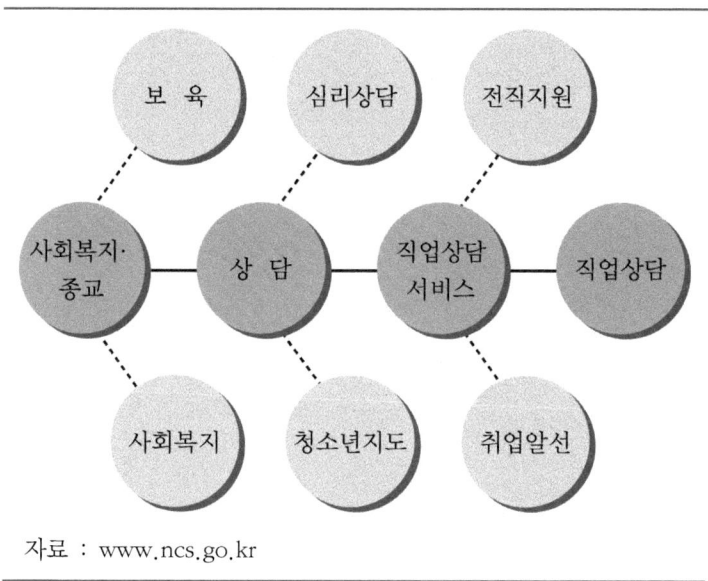

자료 : www.ncs.go.kr

| 그림 4 | NCS분류 맵

고용서비스 시책을 수립하는 목적은 직업선택, 인력수급 불일치 해소, 고용창출 및 노동시장 활성화에 있다. 정부는 이와 같은 목적을 달성하기 위하여 고용정보·직업정보를 수집·제공하고 국민의 능력·적성을 고려할 수 있는 서비스도 제공한다.

NCS에서 07. 사회복지·종교(대분류)는 하위 직무군으로 01. 사회복지, 02. 상담, 03. 보육의 중분류로 편성된다. 상담(중분류)는 01. 직업상담서비스, 02. 청소년 지도, 03. 심

┃ 표 2 ┃ 직업상담서비스(NCS 소분류)의 직무 정의

| 직무명 | 직무 정의 |
| --- | --- |
| 직업상담 | 직업상담이란 인간의 생애진로주기와 관련하여 개인의 특성에 따라 진로탐색, 직업선택, 직업적응, 직업유지, 직업전환, 은퇴 등에서 발생하는 직업적 논점을 진단하고 상담·처치하는 일이다. |
| 취업알선 | 취업알선은 고용 관련 정보를 수집하고 분류하여 구직자에게는 취업에 필요한 서비스를 제공하고, 구인자에게 충족되는 구직자를 소개하기 위한 업무를 지원하는 일이다. |
| 전직지원 | 전직지원이란 고객의 요구 분석후 전직지원을 기획하여 전직대상자의 역량을 진단하며 전직 목표를 세우고, 이에 따른 변화관리·생애설계·취업·창업 등을 지원하며 전직심화상담과 전직지원관리 등을 수행하는 일이다. |

자료 : www.ncs.go.kr

리상담 소분류를 포함하고 있다. 직업상담서비스(소분류)는 01. 직업상담, 02. 취업알선, 03. 전직지원 세분류로 구분되며 직무정의는 〈표 2〉와 같다.

01. 직업상담(세분류)는 직업상담 기획·직업상담 홍보·직업상담 진단 등 16개 능력단위로 구분되고, 02. 취업알선(세분류)는 구직기술 클리닉·취업알선사업 기획·취업역량 강화 프로그램 기획 등 17개 능력단위로 구분되며, 03. 전직지원(세분류)는 고객창출·전직지원 서비스 기획, 창업상담 등 16개 능력단위로 구분된다.

취업지원상담 서비스는 구직자의 취업 요구 및 준비도에 따라 4개 유형으로 분류하여 각 유형에 따른 맞춤형 상담 서비스가 제공된다. '의욕고취형' 및 '능력개발형'의 경우, 직업상담자는 구직자의 취업준비도 전반에 대한 사항을 확인해야 한다.

이를 통해 구직자의 동기 및 상태를 파악하여 필요한 취업상담 서비스 혹은 직업훈련상담 서비스를 제공한다. 그리고 상담 과정 중 재평가를 통해 필요에 따라 직업선택 및 취업계획 수립을 위한 상담으로 연계시킨다.

## 취업준비형

- 취업의 시급성을 기준으로 빠른 취업알선이 필요한 유형으로 최대 3개월 이내에 조기 취업을 필요로 하는 대상

- 직업목표가 비교적 분명하고 구직준비도 수준이 높은 대상자
- 취업정보와 알선 상담을 중심으로 하는 취업상담에 연계

### 종합지원형

- 취업목표가 불명확하거나 경력설계가 충분히 이루어지지 않은 유형
- 직업선택 및 취업계획 수립 지원을 위한 직업상담을 비롯하여 보다 통합적인 상담 지원을 필요로 하는 대상
- 직업선택 및 취업계획 수립을 위한 상담 서비스를 제공하고 결과에 따라 취업상담 혹은 훈련상담으로 연계

### 의욕고취형

- 구직 희망분야와 관련된 기본적 직업능력을 갖추고 있으나 구직의욕과 동기수준이 상대적으로 낮은 유형
- 의욕 고취와 관련된 상담 지원을 우선적으로 필요로 하는 대상

### 능력개발형

- 구직의욕과 동기수준이 높은 편이나, 이전 경력과는 다른 직무 분야로의 이직 등으로 추가적인 직업능력 개발이 필요한 대상

# 실무 중심 과정평가형 자격

 이제는 누가 얼마만큼 배웠느냐가 중요한 것이 아니라, 얼마만큼 능력을 인정받느냐가 중요한 자격증 시대다. 자격이란 '어떤 일을 수행할 수 있는 자질이나 능력'을 의미한다.

 취업준비생은 '현실에 안주하면 파멸밖에 없다'는 경구(警句)를 되새길 때다. 취업준비생은 징기스칸과 같은 독창성과 신속성으로 무장한 노마드 스피릿(유목민 정신·nomad spirit)으로 잠들어 있는 야성(野性)을 깨어내, 자신의 새로운 성장 모멘텀(요인 또는 원인·momentum)을 찾아야 한다.

 자격증은 취득하기 위해서가 아니라 커리어를 넓히기 위해 필요하다. 자격증을 취득하려면 우선적으로 구체적 목표가 명확하게 설정되어야 한다. 직무경험을 바탕으로 희

소성 있는 자격증에 도전하는 것이 진로 설계에 좋다.

자격증 취득은 자기계발은 물론, 삶의 활력소로 이어진다. 주어진 시간은 하루 24시간 똑같지만 어떻게 활용하느냐에 따라 인생은 달라진다. 당당하게 원하는 분야의 자격증을 취득하면 보다 나은 삶, 자신이 주도하는 인생여정으로 꾸준히 정진할 수 있다. 자격증 취득은 무엇보다도 값진 삶의 원동력이 된다.

청년 고용절벽 현상이 심각해지면서 여러 가지 자격증에 도전하는 취업준비생이 늘고 있다. 자격증 취득에 몰두하는 이유는 입사지원서나 면접에서 조금이라도 인사 담당자의 시선을 끌기 위해서다.

미래에 대한 보험이란 생각으로 자격증을 마치 수집하듯 취득하는 데 몰입하는 취업준비생이 많다. 이렇게 확보된 자격증은 취업, 창업, 직장생활에서 기대만큼이나 유용하지가 않다. 자격증을 활용할 경우가 있겠지만, 오로지 미래에 대한 불안감을 감소시키는 마음의 안정일 뿐이다.

과도한 자격증 집중 현상으로 자격증에 대한 바른 정보보다는 '어떤 자격증이 빨리 딸 수 있다더라', '어떤 자격증이 유망하다더라' 등의 확인되지 않은 부정확한 정보에 휘둘릴 우려가 많다. 정직 자신의 적성과 공인된 자격증을 외면한 채, 시류(時流)와 유행에 따라 자격증을 취득하는 경우가 대부분이다.

자격증 공부를 하는 동안 그리고 자격증을 취득하고 나

서 "적어도 내가 현재 생활을 유지하기 위해 뭔가 하고 있구나"하며 안심은 될 것이다. 이러한 모든 현상은 자격증의 적합한 활용보다 자격증 수집·취득에 안타깝게 중독된 증상이며, 현실이 불안해 필요 이상으로 집착한 결과이다.

저성장, 고물가, 고금리, 저소비, 높은 실업률 등과 같은 경제 지표가 글로벌 자본주의 경제의 시련기를 시사한다. 한국 경제도 뉴노멀 상태에 빠져 있으며 급습한 코로나 팬데믹(대유행·pandemic) 같은 위기 상황으로 경영 환경이 그 어느 때보다 빠르게 변화하고 있다.

많은 취업준비생이 국가공인자격증을 넘어 국제자격증 취득에도 도전하고 있다. 불황으로 취업 시장이 얼어붙은 데다, 주요 기업이 채용방식을 공채 대신 수시 채용으로 전환하면서 취업준비생은 해외 자격증에도 눈을 돌린다.

자격증은 자격시험을 주관·시행하는 기관의 성격에 따라 국가자격과 민간자격이 있다. 국가자격은 국가기술자격법에 근거한 국가기술자격과 개별법령에 의한 국가전문자격으로 분류할 수 있다. 민간자격은 법인·단체·개인 등이 신설해 관리하고 운영하는 자격이다.

현재의 국가기술자격 검정시험 제도는 단기간에 대규모 수험생을 대상으로 객관적이고 공평한 평가는 가능하지만, 자격증을 가지고 있어도 산업 현장에서 바로 해당 직무를 수행하지 못하는 한계가 있다. 또한 일반적인 정규교육·훈련을 받아도 자격증을 취득하기 위해서는 별도의 검정시험에 대비하는 공부가 필요했다.

과정평가형 국가기술자격은 결과 중심의 기존 국가기술자격과 달리, 산업 현장에 적합한 교육·훈련 참여를 중심으로 하는 과정 중심의 국가기술자격제도다. 과정평가형 국가기술자격은 산업 현장의 직무를 중심으로 직업교육·훈련과 자격 간 연결고리를 강화시켰다.

과정평가형 국가기술자격제도는 산업 현장이 요구하는 내용을 충실하게 반영한 교육·훈련과정을 사전에 정부가 지정하고, 지정된 교육·훈련기관의 훈련과정을 제대로 수료한 사람에게 자격증을 부여할 수 있도록 도입됐다.

과정평가형 국가기술자격 취득을 희망하는 훈련생은 NCS 기반으로 설계된 교육·훈련 과정을 이수한 후, 교육·훈련기관의 내부평가와 교육 후 한국산업인력공단이 실시하는 외부평가를 거쳐 합격 기준을 충족하면 자격증을 취득하게 된다.

실무 중심으로 교육·훈련을 진행하고 '얼마나 잘 하는지'를 중심으로 평가한다. 그래서 암기 위주의 기존 검정시험 자격과 달리 과정평가형 자격증에는 교육·훈련기관명, 교육·훈련 기간, 교육·훈련 내용이 추가로 명시된다.

외부평가 응시자격은 해당 과정을 이수한 누구나 가능하다. 과정평가형 직업상담사 1·2급 국가기술자격 외부평가 시험은 1차 시험과 2차 시험으로 나누어서 지정된 날짜에 시행한다. 이수한 교육·훈련생은 1차 시험(지필) 평가와 2

차 시험(실무) 평가에 모두 응시해야 한다.

1차 시험은 객관식 및 주관식 필기시험이고, 2차 시험은 서술형 실기시험이다. 합격기준은 내부평가와 외부평가 결과를 1:1로 반영하여 평균 80점 이상이 되어야 한다. 교육·훈련은 총 400시간 이상이다.

과정평가형 국가기술자격은 현행 국가기술자격법령에 따른 국가기술자격 종목 중 현실적 여건 등을 고려하고 운영·성과분석 등을 통해, 순차적으로 시행할 대상 종목의 범위를 매년 확대할 것이다.

과정평가형 국가기술자격은 산업 현장에서 필요한 인재 양성을 위해 2015년부터 시행됐다. 2023년도에는 179개 종목이 과정평가형 국가기술자격의 대상 종목으로 지정되어 시행되고 있다.

현재 직업상담사 자격시험은 검정형과 과정평가형을 동시에 시행하고 있다. 검정형 직업상담사 자격시험은 2000년도부터 실시됐으며 1차 필기시험과 2차 직업상담실무로 실시된다.

필기시험은 5과목(직업상담학, 직업심리학, 직업정보론, 노동시장론, 노동관계법규)를 객관식 4지 택일형으로 한다. 검정형 필기시험도 2022년을 기점으로 CBT(Computer Based Test)로 전환됐다.

시험지에 문제 풀이를 하고 컴퓨터용 사인펜으로 OMR 카드에 마킹 후 제출하던 방식이 아니다. CBT에서는 동일한 시험장에서도 수험생마다 다른 문제가 출제된다. 수험생은 문제를 캡처(capture)도 못하고 핸드폰을 사용한 촬영도 어렵다. 수험생은 답안 제출 후 합격·불합격 여부, 과목별 점수, 평균점수를 곧바로 확인할 수 있다.

2014년도에 직업상담사 2급 과정은 과정평가형 자격 교육·훈련과정으로 선정됐으며, 2018년도부터 지정교육기관에서 과정평가형 자격과정으로 실시했다. 2020년에는 직업상담사 1급 과정도 과정평가형 자격으로 신설되어 2021년도부터 시행되고 있다.

과정평가형 국가기술자격 외부평가 시험은 2018년부터 실시됐는데, 2022년 6월까지 1,219명의 직업상담사 자격증 취득자(직업상담사 1급 : 161명, 직업상담사 2급 : 1,058명)를 배출했다.

한편, 검정형 국가기술자격 시험은 2022년까지 75,988명의 직업상담사 자격증 취득자(직업상담사 1급 : 1,416명, 직업상담사 2급 : 74,572명)가 양성됐다.

# MBTI 과몰입 현상

MBTI가 활발하게 등장하기 시작한 때는 2015년도부터다. 2010년 전후에 서울 학부모 사이에서 자녀의 공부 방법이나 진로를 결정하기 위해 MBTI 검사를 하면서 유행했다.

MZ세대에게 성격 유형은 혈액형이자 별자리이고 사주팔자이며 타로카드다. 예전에는 진로·취업·연애·운세 등의 고민거리가 있을 때만 점집이나 타로 카페 등을 찾았다.

최근 MZ세대는 성격검사를 기꺼이 받고 있다. 젊은 세대는 자신과 타인에 대해 더 잘 알고 싶어 하는 욕구가 있는데, MBTI가 젊은 세대의 이런 욕구를 충족시켜주는 좋은 수단이 된 것이다.

MBTI 성격검사가 MZ세대에서 유행하는 이유는 다음과 같다. 첫째, '나'가 중요하기 때문이다. 이 세대는 자기에 대한 관심이 높다. 나를 이해하고 알고 싶어 하는 욕구가 크다.

자신의 감정과 욕구를 알아야 상품과 서비스를 구매하거나 진로 결정에도 제대로 된 선택이 가능하다. 진로나 인간관계 등 고민이 생기면 성격검사를 받거나 심리검사 카페를 찾는다.

둘째, 인간관계 변화가 생기면서 상대방을 이해하고 싶다는 욕구가 반영된 것이다. 수직적 인간관계에서는 윗사람이 아랫사람을 이해할 필요가 없다. 아랫사람 역시 시키는 대로만 하면 되고 자기 자신의 정체성이나 성향을 내세우지 않는다.

그러나 수평적 인간관계가 일반화되면서 다른 사람을 이해하거나 상대방에게 내가 어떤 사람인지 이해시키려는 시도를 많이 하게 된다. 자신의 MBTI 유형 이니셜을 각인시킨 티셔츠가 나오고 착용하는 것도 같은 맥락이다.

셋째, 전통적인 방식으로 시간과 노력을 쓰지 않기 때문이다. 코로나 팬데믹, 취업 경쟁, 경직된 기업문화, 치솟는 집값 등으로 미래가 불안한 상황에서 시간과 노력을 아껴 목표를 달성하려는 욕구가 커졌다.

MBTI는 '마이어스 브릭스 유형 지표(Myers-Briggs Type Indicator)'의 약자다. 이 검사를 만든 모녀의 이름 앞 글자를 따서 명명됐다. 개발자인 엄마는 딸을 키우며 아이 고유의 재능을 잘 활용하게 이끌어 주는 것이 '신의 뜻'이며, 성격에 맞는 일을 해야 영혼을 구원받는다고 믿었다.

마이어스와 브릭스 모녀는 분석심리학 개척자인 칼 구스

타프 융(Carl Gustar Jung)의 심리유형론을 일상생활에서 유용하게 활용할 수 있도록 성격 유형을 고안했다. MBTI는 인식과 판단에 대한 융의 심리적 기능과 태도 이론을 바탕으로 제작됐다. 심리검사에 비해 전문성이 낮고 일반화에는 신뢰도가 떨어지며 검사의 일관성과 정확성이 없다는 비판도 많았다.

성격검사는 검사에 임하는 사람이 얼마나 자신을 객관적으로 볼 수 있는지, 얼마나 정직하게 답변하는지에 따라 검사 결과가 달라질 수 있다. 성격검사 효용은 바로 사람이 서로 다르다는 것을 받아들인다는 것이다.

MBTI는 자가 보고검사(자신이 스스로 하는 검사)로 해당 성격이 그 사람을 정말 반영하는 것인지, 내가 바라는 나를 반영한 것인지 알 수 없다.

MBTI는 두 개의 태도 지표(외향-내향, 판단-인식)와 두 개의 기능 지표(감각-직관, 사고-감정)에 대한 개인 선호도를 밝혀서, 4개의 선호 문자로 구성된 16가지 성격 유형을 알려준다.

에너지 방향에 따라 외향형(E: Extraversion, 사교·활동)·내향형(I: Introversion, 조용·신중), 세상에 대한 인식(정보 수집) 방법에 따라 감각형(S: Sensing, 경험·현실)·직관형(N: Ntuition, 영감·육감), 판단(결정) 기능에 따라 사고형(T:Thinking, 결과의 진실 여부에 관심)·감정형(F: Feeling, 결과보다는 그에 따른 인간관계에 관심), 이행(생활) 양식에 따라 판단형(J: Judging, 체계·정리정돈)·인식형(P: Perceiving, 유연·개방)으로 나눈다.

MBTI 검사는 개인이 쉽게 응답할 수 있는 여러 문항을 제시하고, 각 문항의 선택에 따라 유형이 나뉜다. 과일이 각각 그 맛과 향을 지니고 있듯이, 인간에게도 타고난 마음의 고유한 빛깔이나 향과 맛이 있다. MBTI 목적은 각자가 가지고 태어난 선천적 경향, 즉 내면의 빛과 향기, 마음의 모습을 알아보는 것이다.

한국판 MBTI는 김정택 교수(서강대)와 심혜숙 교수(부산대)가 함께 표준화 했다. 김정택 교수는 미국 유학 중 MBTI를 연구했으며, 1988년에 판권을 가진 미국의 CPP(Clinical Psychologist Press) 출판사와 계약을 주도했다.

그는 1989년에 귀국 후, 서강대학교에 '한국 MBTI 연구실'을 개설하여 표준화 작업을 시작했다. 심혜숙 교수는 MBTI 한국판 표준화 연구에 주력했다.

직업상담자는 무엇보다 자신의 내면을 제대로 들여다보고 자신을 먼저 밝게 만드는 의식화 작업을 열심히 해야 한다. 다시 말해서 내가 구직자를 상담할 만큼 나 자신을 먼저 보고 있는가에 대한 질문이다. MBTI는 '내가 보이는 그만큼, 구직자가 보인다.'라는 점을 강조하는 성격 유형 지표다.

특히, 직업상담에서 MBTI는 직업 불만족의 이유 탐색, 구직자의 직업대안 모색, 적합한 직업환경의 발견, 특정 직업을 선호하는 이유 등을 제시하는 데 활용되고 있다.

MZ세대는 스펙과 업무 역량은 뛰어나지만 채용 후의 조직 생활에서 세대 갈등을 겪는 경우가 많다. 그래서 기업은 채용과정에서 인성검사를 중요시하는 추세다.

최근 MBTI 검사를 채용 때 활용하는 기업들이 늘고 있다. 채용 시 MBTI 검사지 제출을 요구하거나 면접이나 자기소개서에서 지원자의 MBTI 유형을 묻는 식이다.

취업준비생은 자기소개서에서 MBTI를 물어보니 검사에도 참여하고 자신의 MBTI 유형에 대한 공부도 해야 한다. 전문가 견해는 기업이 MBTI 검사를 채용에 활용하는 것에 부정적 입장이다.

채용 후 MBTI로 직원의 강점과 약점을 파악할 수는 있지만, 지원자의 업무 성과를 예측할 수는 없기 때문이다. MBTI는 선천적 선호 경향성을 알아보는 검사이지 채용을 위한 도구가 아니다.

MBTI를 모방한 '기업 MBTI 분류방식'이 금융투자 업계에 등장했다. 상상인증권은 MBTI 형식으로 기업 성향을 분석한 종목 보고서를 내고 있다. 기업의 성장 방향과 주목도 등을 기준으로 기업의 성격을 16가지 종류로 구분한 것이다.

16가지 유형으로 단순화 한다는 위험도 있지만, 기업의 전반적 성격에 대해 확실하게 각인시켜 주는 효과도 있다. 특히, 기관 투자자보다는 개인 투자자들이 도움을 많이 받을 것이다.

# 직업상담 슈퍼비전

직업상담 슈퍼비전은 초보 직업상담자에서 전문적 능력을 갖춘 직업상담자로 성장하게 하며, 초보 직업상담자의 훈련과 지속적 성장·발전을 위해서도 필수적인 요인이다.

# 슈퍼비전 없는 직업상담

슈퍼비전(supervision)은 '위에서'의 뜻을 가진 'super'와 '관찰하다'의 'vision'이 조합된 단어이며 '감독하다'는 의미가 있다. 이처럼 감독하는 사람인 슈퍼바이저(감독자·supervisor)와 감독을 받는 사람인 슈퍼바이지(수련생·supervisee), 그리고 그들이 서비스를 제공하는 내담자 간에 이루어지는 독특한 전문적 관계가 슈퍼비전이다.

직업상담 슈퍼비전이란 직업상담자의 역량 강화 및 직업상담의 질적 제고를 위해 직업상담 과정에서 드러난 전략과 목표, 개입과 상담기법, 상담결과 등에 대해 슈퍼바이지를 도와 점검하고 평가할 수 있는 능력이다.

슈퍼비전은 슈퍼바이저가 전문적이고 독립적인 직업상담자가 되려는 수련생에게 유능한 경력 사항과 전문가적 지식을 바탕으로, 적절한 상담의 실제 기술을 습득할 수 있도록 도움을 주는 활동이다. 슈퍼비전은 초보 직업상담자에서 전문적 능력을 갖춘 직업상담자로 성장하게 하는 무한한 잠재력이 있는 공간이다.

슈퍼비전은 직업상담자 훈련뿐만 아니라 직업상담자의 지속적 성장과 발전을 위해서도 필수적인 요인이다. 유능한 직업상담 전문가를 통해 직업상담 사례와 직업심리검사에 대해 진단을 받고 보완 받는 활동이 전문성 제고에 직결된다는 것은 의심의 여지가 없다.

공공이나 민간 취업지원기관에 소속된 직업상담자는 전문화를 위해서 개인적 노력도 필요하지만 조직의 전략적 운영과 체계적 지원도 중요하다. 조직은 슈퍼비전 환경을 제공하여 직업상담 업무를 전문 서비스로 인정하고 유능한 직업상담자를 육성하기 위해 제도적으로 지원해야 한다.

취업지원기관의 직업상담 슈퍼비전은 그 기능과 역할이 미비하고 제도적 지원이 잘 이루어지지 않고 있다. 조직풍토는 관료적이며 위계적 조직문화에서 수직적으로 업무를 전달하는 특징이 있다.

직업상담 업무는 내담자를 직접 대면하고 전문적 직업상담서비스의 제공이 요구된다. 경험이 많은 슈퍼바이저는 슈퍼바이지의 업무수행 여부에 관심을 기울이고, 슈퍼바이지의 직무역량 개발과 직업상담 서비스의 질적 향상을 위해 노력을 기울일 필요가 있다.

슈퍼비전에서 슈퍼바이저 역할은 5가지로 구분해 볼 수

있다. 슈퍼바이저는 교사, 전문가, 자문가, 평가자, 상담자 역할로 슈퍼바이지를 돕는다.

　이러한 역할은 상담 기술과 기법을 교육하고 숙련하며 사례 개념화를 돕는 것, 전문가로서 관점을 제공하는 것, 윤리적 딜레마에 대해 가이드라인을 제시하는 것, 슈퍼바이지의 발달을 평가하고 적합한 도움을 주는 것, 슈퍼바이지의 자기이해와 성숙에 도움을 주는 것 등을 의미한다.

- **슈퍼비전(supervision)**

　슈퍼바이저가 슈퍼바이지에게 서비스를 효과적이고 효율적으로 전달하기 위해 지식과 기술을 잘 사용할 수 있도록 도움을 주는 활동

- **슈퍼바이저(supervisior)**

　다른 사람이 하는 일에 대해 책임을 갖고 지켜보는 감독자

- **슈퍼바이지(supervisee)**

　슈퍼비전을 받는 수련생

　미국은 심리상담 분야와 커리어상담 분야가 양대 축을 이루고 발전을 해왔다. 그러나 우리나라는 심리상담 분야에 진로상담이 속해 있으며 진로상담과 직업상담은 별개로

취급했다. 진로상담 분야에서 직업상담 영역은 상담의 정통성이 매우 미비하다.

직업상담에 대한 산업 현장의 수요와 구직자들의 관심이 예전보다 많아졌다. 급격한 4차 산업혁명 시대의 도래, 치열한 취업 경쟁, 진로에 대한 불확실성, 높아진 삶의 질이라는 측면에서 '직업상담 부흥시대'를 맞이했다.

관련 학회와 전문가는 직업상담 부흥시대에 직업상담자가 어떻게 양성되고 대처하는가는 주의 깊게 살펴볼 주제라고 강조한다.

상담에 대한 법률이 없는 우리 사회에서는 국가적 차원에서 공인된 상담전문가를 명확하게 규정할 사회적 장치가 없다. 상담 활동에 대해 특별한 규제 없이 누구라도 상담자로 일하고 상담기관이나 상담센터를 개업할 수 있는 상황이다.

어떻게 보면 상담의 부흥시대를 앞당기고 규제 완화를 통해 모든 국민에게 상담 서비스가 제공될 수 있는 길을 개방한 것 같다. 하지만 전문적 상담의 경계선이 흐려져서 상담 서비스의 질적 저하를 가속화하고 상담의 전문성이 의심받게 된다. 이로 인해 상담 서비스의 효용에 대한 불신도 매우 커질 것이다.

직업상담사 시험(검정형, 과정평가형)이 매년 실시되어 관심이 있는 모든 지원자에게 시험이 개방되고 있다. 직업상담사 훈련과정은 국민내일배움카드 훈련과정으로 지정되어 훈련비를 정부가 지원한다. 국민 개개인의 평생직업 능력을 개발하고 생애단계별로 훈련을 지원하는 평생교육 훈련 기회를 제공하기 위한 것이다.

국가기술자격제도에 의한 직업상담사 검정시험은 상담을 전공하지 않은 모든 사람에게 응시 기회가 부여되고 개방된다. 어떻게 보면 체계적인 직업상담 전문가 양성이 미흡하고 자격증에 대한 질적 통제가 불가능하다고 볼 수 있다.

그로 인해 자격증에 대한 신뢰성이 무너지고 자격 취득은 오로지 취업의 충족요건으로 전락될 수도 있음을 경계해야 할 것이다.

직업상담사 자격증을 취득하면 고용노동부 지방노동관서, 고용복지플러스센터, 인력은행 등 전국 19개 국립직업안정기관, 전국 281개 시·군·구 소재 공공직업안정기관, 민간 유·무료직업소개소 및 24개 국외 유료직업소개소 등의 직업상담원으로 취업이 가능하다.

직업상담사가 수행하는 업무는 직업상담업무, 직업소개업무, 직업 관련 검사실시 및 해석업무, 직업지도프로그램 개발과 운영업무, 직업상담 행정업무 등으로 구분할 수 있다.

주요 직업상담업무에는 노동관계 법규 등 노동시장에서 발생되는 직업과 관련된 법적인 일반 사항에 대한 일반상담 실시와 구인·구직상담, 창업상담, 경력개발상담, 직업적응상담, 직업전환상담, 은퇴 후 상담 등의 각종 업무가 있다.

직업상담자는 구직자가 교육, 경력, 기술, 자격증, 구직직종, 원하는 연봉 등이 포함된 구직표를 정확하게 작성하도록 지원한다. 구직표를 제출하면 검토하여 작성 내용을 수정도 하고 직업상담자는 구직자가 가장 적합 직업을 선택할 수 있도록 도와준다.

또한 직업상담자는 적성·흥미검사 등을 실시하여 구직자의 적성과 흥미에 알맞은 직업정보를 제공하고 직업지도 프로그램 개발과 운영을 한다. 취업이 곤란한 구직자에게 보다 많은 취업 기회를 제공하고, 구인난을 겪고 있는 기업에 다양한 인력을 소개하기 위해 구인처 및 구직자를 발굴하기도 한다.

# 직업상담 이론과 실제

 상담은 이론과 기법 모두를 필요로 한다. 상담이론은 지도와 같아서 내담자 행동을 이해하고 직업상담자와 내담자가 지향하는 방향을 알게 해주며, 직업상담 업무를 의미 있게 하는 청사진을 제공해 준다.
 직업상담자가 자신의 상담 개입을 지지해 줄 프레임(frame)으로 상담이론을 갖고 있지 않으면, 내담자가 변화하도록 돕는 시도를 할 때 허우적거리게 된다.
 얼마 전 세상을 떠난 한국 바이올린의 대모 김남윤 명예교수(한국예술종합학교)는 연습실에서 제자를 가르치는 열강(熱講)으로 유명했다. '하루 연습을 건너뛰면 자신이 그 사실을 알고, 이틀이면 비평가도 알게 되며, 사흘이 되면 청중까지 알게 된다.'는 말을 연구실에도 붙여 놓았다. 제자들에게 긴장감을 고조시키는 무언의 압박이었다.

스승의 날카로운 지적과 잔소리는 비단 악보 해석이나 연주법에만 그치지 않았다. 태도나 복장이 조금만 단정하지 않아도, 말과 행동의 흐트러짐이 보여도 어김없이 큰소리로 꾸짖었다. 왜냐하면 "평상시 습관은 자신도 모르는 사이에 연주에도 스며든다."는 것이 고인의 철학이었기 때문이다.

상담이론에서 인간관은 해당 이론을 이해하기 위한 배경으로 이론의 시작이자 목표이다. 직업상담자가 제대로 된 상담이론을 배우려면 그 창시자가 가지고 있는 인간관이 무엇인지를 먼저 잘 이해해야 한다.

직업상담자가 상담이론 창시자의 인간관을 이해하게 되면, 왜 그런 치료 방법이 나왔으며 상담 과정이 필요한가를 알게 된다. 상담이론은 복잡한 인간 행동과 문제를 해결하는 데 필요한 사고의 틀을 마련해 준다.

세계적인 저널리스트 맬컴 글래드웰(Malcolm Gladwell)이 그의 저서 『아웃라이어』에서 언급한 "1만 시간의 법칙" 용어가 있다. 어떤 분야의 전문가로 성공하기 위해서는 특별한 재능도 필요하지만, 1만 시간의 노력과 그렇게 몰입할 자세가 중요하다는 내용이다.

직업상담자도 상담이론, 창시자의 인간관, 상담기법을 이해하고 체득하여 자신의 상담 역량을 지속적으로 개발해야 한다.

## 인간중심 상담

인간중심 상담은 칼 로저스(Carl Rogers)에 의해 발전된 상담이론이다. 그는 초창기에 종래의 모든 상담 방법을 지시적 상담 또는 비민주적 상담이라고 지칭했으며, 자신의 이론은 비지시적 상담 혹은 민주적 상담이라고 불렀다. 이후 줄곧 내담자중심 상담으로 부르다가 최근에는 인간중심 상담이라고 한다.

인간중심 상담의 목표는 단순히 내담자 문제를 해결하는 것이 아니라 성장을 지원하며, 현재와 미래 문제까지도 대처할 수 있도록 돕고 자아실현을 이룩하는 데 목적이 있다. 그러기 위해 상담자는 내담자가 자신의 경험을 탐색하고 존중할 수 있게 촉진적 조건을 제공해야 한다.

인간중심 상담은 모든 내담자가 자기 자신의 중요한 일을 스스로 결정하고 해결할 수 있는 능력을 지니고 있음을 강조한다. 상담자는 내담자가 긴장이나 정서적 불안을 발산하고 자기 자신의 문제해결 능력을 개발하여 인간적 성숙을 기할 수 있도록 돕는다.

로저스는 인간중심 상담을 통해 충분히 기능하는 인간을 길러내는 것이 목표였다. 충분히 기능하는 인간이란 현실을 왜곡하지 않고 자신에 대한 올바른 이해와 답을 찾으며 인간적 성숙의 지속적 과정을 알고 있는 사람이다.

'완전히 기능하는 인간'의 성격 특질은 다음과 같다. 창조적이다, 경험에 대해 개방적이다, 자유롭다, 유기체적 신뢰가 있다, 실존적 삶을 추구한다.

내담자에게 중요한 영향을 주는 것은 상담자의 지식·이론·기법이 아니라 내담자에 대한 상담자 태도이다. 인간중심 상담은 상담자와 내담자와의 관계와 상담자가 내담자를 대하는 태도를 중시한다.

로저스가 제시한 상담 관계의 3가지 필수조건으로 상담자가 지녀야 할 태도는 일치성(진실성), 무조건적 수용(긍정적 관심), 공감적 이해다. 3가지 태도 중에서 일치성이 가장 중요하다.

일치성은 상담자가 진실하다는 것을 뜻하는데, 상담 중에 상담자는 진지하고 완전하며 신뢰할 만하다는 것이다. 일치성은 상담자가 내담자와의 관계에서 경험을 하는 자신의 태도와 감정에 대해 솔직하게 인정하고 표현을 하는 태도이다.

무조건적 수용 태도는 상담자가 구직자를 인격자로서 진심으로 성실하게 대하는 배려이다. 상담자는 구직자의 감정, 사고, 태도 등을 평가하지 않고 불완전한 인간으로 받아들여야 한다.

공감적 이해는 내담자 경험과 감정에 대하여 내담자가 가지고 있는 깊은 의미를 상담자가 민감하게 그리고 정확하게 이해하려고 노력하는 것이다. 상담자가 내담자 마음을 공감할 때 내담자는 자신이 이해받고 있음을 느끼고 자신을 드러내면서 자기탐색과 자기이해를 시작한다.

## 행동주의 상담

행동과학적 상담의 이론적 근거는 행동심리학의 학습이론·학습법칙·학습원리다. 행동주의에서 보는 인간관은 인간은 기계처럼 행동한다는 것이다. 인간은 자극을 주면 그 자극에 똑같이 반응한다.

행동과학적 상담에서 인간관은 인간이란 단지 사회·문화적 조건의 산물이라는 결정론적 관점이 아니라 자신의 환경을 산출하는 주체자이다. 인간 의식은 믿을 수 없는 것이므로 과학적 자료로 의미를 구하지 못한다. 따라서 관찰 가능하고 표출된 행동만이 과학적 자료가 될 수 있다.

기계적 인간관을 지닌 행동주의 치료자는 주로 관찰이 가능한 인간 행동에 관심을 갖게 되고, 상담의 효과적인 면에서도 표출된 행동만을 평가 기준으로 한다.

행동과학적 접근에서 상담은 학습 과정에 조력하는 것이며, 상담자 역할은 내담자가 적응적 행동을 학습하여 내담자 자신이 문제를 스스로 해결할 수 있도록 하는 것이다. 따라서 상담자는 상담 과정에서 잘못된 행동을 수정하고 바른 행동을 인위적으로 유도할 수 있는 방안을 많이 이야기 한다.

상담 목표는 언제나 구체적이면서 관찰되고 측정될 수 있는 행동 술어로 표현돼야 한다. 상담 기법으로는 내적인 행동 변화를 촉진시키는 기법(체계적 둔감화, 근육이완 훈련, 인지적 모델링과 사고정지)과 외적인 행동 변화를 촉진시키는 방법(토큰법, 모델링 : 모방, 주장훈련, 자기관리 프로그램, 행동계약, 행동시연, 역할연기, 혐오치료, 바이오 피드백)이 있다.

## 정신분석적 상담

인간 본성에 대한 프로이드(S. Freud)의 관점은 결정론적이다. 정신분석적 상담은 인간 본능과 보이지 않는 무의식적 힘이 인간 행동을 좌우한다고 주장한다.

생후 5년간의 인간 행동은 비합리적인 힘, 무의식적 동기, 생물적이고 본능적인 동기, 심리적이고 성적(性的)인 사건에 의해 결정된다. 현재 문제를 이해하고 해결하기 위해서 아동기 경험을 중시한다.

프로이드는 의식을 정신의 작은 부분으로 보고, 정신의 더 큰 부분은 의식의 표면 아래에 존재하는 무의식이라고 보았다. 그러므로 정신분석적 상담의 목적은 무의식적 동기를 의식화하는 것이다. 무의식의 역할을 이해하는 것은 정신분석적 행동 모형을 파악하는 데 매우 중요하다.

프로이드는 인간의 무의식적 충동에 관심이 있으므로 어떤 행동 원인을 과거의 외상적 트라우마(정신적 충격으로 발생하는 정신건강 질환·trauma)나 잘못 맺어진 대상 관계에서 찾는다. 왜냐하면 과거의 내 경험이나 대상 관계가 현재에도 지속적으로 영향을 미친다고 보기 때문이다.

정신분석적 상담의 목표는 무의식을 의식화하여 개인의 성격 구조를 수정하고 행동을 보다 더 현실적이 되도록 함으로써, 본능 충동의 요구에 따르지 않도록 자아를 보다 더 강화시키는 것이다. 정신분석적 상담은 표면적 문제보다는 문제 원인에 관심을 두고 그 원인을 제거하는 데 초점을 두었다.

문제해결이나 새로운 행동을 학습하기보다 깊이 있는 자기이해를 위해 과거 속으로 탐색해 들어간다. 상담자의 주요 기능은 내담자가 자신의 문제에 대해 통찰을 갖고 변화시키는 방법을 인식해서, 자신의 삶을 보다 합리적으로 통제할 수 있도록 돕는 데 있다.

## 현실치료 상담

현실치료 상담은 정신분석적 상담과 달리 인간을 반결정론적 존재로 본다. 인간 행동은 목적 지향적이며 외부의 힘보다 개인의 내적 힘에 의해 생긴다는 생각에 기초한다.

윌리엄 글래서(William Glasser)는 인간은 태어나서 죽을 때까지 선택(행동)을 하며, 그러한 선택에 의해 '지금-여기'에서 경험하는 세계를 현실(real world)이라고 보았다.

현실이 어떻게 다가올 것인가는 지금 어떤 선택을 하느냐에 따라 달라진다. 즉, 과거 선택이 지금의 현실을 만들었다면 미래의 현실을 만드는 것은 지금의 선택이다. 현실

치료에서는 두 가지 질문을 한다. 첫 번째는 "당신이 원하는 현실은?", 두 번째는 그 현실을 이루기 위해 "당신은 어떤 선택을 할 것인가?"이다.

현실치료 상담의 주요 목표는 사람의 욕구를 충족시키고 원하는 것을 얻기 위해 더 좋은 방법을 가르치는 것이다. 즉, 내담자가 보다 나은 선택을 현실에 적응하도록 돕는다.

상담자 역할은 내담자에게 그들이 선택한 것보다 더 나은 행동 방법을 선택하도록 조언하는 것이며, 이를 위해서는 숙련된 기술이 요구된다.

## 아들러식 치료

아들러(Alfred Adler)의 개인 심리학에서 인간은 가공적 목표를 향해 움직이는 창조적이고 책임이 있으며 형성되어 가는 총체적 존재로 본다. 즉, 인간은 단일하며 분할할 수 없고 모순이 없는 통합된 실체이다.

아들러식 접근은 생각이 어떻게 감정과 행동에 영향을 미치는가를 깊이 이해하게 한다. 한 사람의 삶에 나타나는 유형을 발견하려면 개인의 생활양식을 탐색하는 데, 생활양식은 생을 영위하는 기본적 전제와 가정을 의미한다.

생활양식에 따라 생각하고 느끼며 행동한다. 생활양식은 개인의 삶의 목적, 자아개념, 가치, 태도 등을 포함한 것으로 삶의 목적을 달성하는 독특한 방법이다.

생활양식은 인생의 장애물(열등감, 무력감)을 극복하고

문제 해결점을 찾아내며 어떤 방법으로 목표를 추구하는지에 대한 방식을 결정해 준다. 일단 생활양식이 형성되면, 외부 세계에 대한 전반적 태도를 결정할 뿐만 아니라 기본적 성격 구조를 일생동안 일관성 있게 유지한다. 생활양식은 6세 이전에 형성되어 일생을 통해 유지되는 경향이 있다.

개인 심리학적 접근의 상담 목적은 내담자에게 자신의 열등 콤플렉스와 생활양식의 발달 과정을 이해하고 생활목표와 생활양식을 재구성하도록 도와주는 것이다. 치료법은 내담자 자신에게 자신의 잘못된 생활양식을 깨닫게 한다.

## 실존주의 상담

실존주의 상담은 다른 상담 이론에 비해 철학적 면이 강조되고 상담 기술보다 인간관에 더 많은 관심을 나타낸다. 실존주의는 개별성과 주관성을 강조하며 인간은 지성 이상의 존재이므로 상담이나 치료는 심리적이어야 한다.

상담자는 어떤 구체적 상담 기법을 제시하기보다 삶의 진정한 의미를 이해하는 데 초점을 둔다. 즉, '상담을 치료적 수단보다 진정한 인간 이해의 과정'으로 본다. 실존주의 상담에서 상담자와 내담자의 관계는 상호이해를 바탕으로 하는 인간 대 인간의 관계이므로 상담 기술은 2차적 문제가 된다.

실존주의 상담의 목표는 내담자가 인생의 의미를 발견하

고 선택의 자유와 책임을 발전시킴으로써, 창조적 노력에 의해 자신이 설정한 꿈을 최대한 실현할 수 있도록 긍정적 태도를 가지도록 돕는 것이다.

## 형태주의 상담

게슈탈트(gestalt)는 '모양', '형태', '전체' 혹은 '구조를 가진 개체' 등의 뜻을 지닌 형태상담이다. 전체는 개별 요소의 단순한 총합과는 다른 이상이며 의미 있는 통일체로 만드는 그 무엇을 가리킨다.

사람은 특정 자극을 부분으로 보지 않고 완결성·근접성·유사성 원리에 따라 의미 있는 전체나 형태, 즉 게슈탈트로 만들어 지각하는 경향이 있다. 이렇게 게슈탈트를 형성하는 이유는 개인의 욕구나 감정을 하나의 유의한 행동으로 만들어서 실행하고 완결 짓고자 하기 때문이다.

게슈탈트 치료는 우리가 알지 못하는 무의식 세계를 파헤치는 것을 목표로 하지 않는다. 오히려 눈에 확실하게 보이는 현재적 사실을 선명하게 알아차림으로써 시야를 확장하여 새롭고 창의적 삶을 도와준다.

형태주의 상담에서는 현실을 절대적으로 규정하지 않는다. 지금 그리고 여기(현재)를 강조하는데, 그것은 인간이 현재 경험하는 사고와 느낌을 중요하게 보기 때문이다.

## 인지행동적 상담

　인지행동적 접근은 인간의 감정이나 행동보다도 인지(사고 또는 생각)이 가장 우선적이며 제일 중요하다는 입장을 견지한다. 부적응을 겪는 사람을 변화시키기 위한 가장 효과적 방법은 그 사람의 생각을 변화시키는 것이다. 생각을 변화시키면 잘못된 행동과 감정은 저절로 변화된다.

　엘리스는 합리적 정서 치료에서 매우 지시적이고 직면적인 방법, 즉 치료자가 내담자의 비합리적 신념을 논박해서 합리적 신념으로 대치시키는 상담 기법을 사용했다. 베크(A. Beck)는 내담자가 자신의 잘못된 신념을 대화를 통해 스스로 발견할 수 있도록 대화술을 강조했다.

　엘리스(Ellis)의 합리적 정서 치료는 정서적 문제를 겪는 이유를 구체적 사건 때문이 아니라, 그 사건을 지각하고 받아들이는 방식이 잘못된 것으로 보았다. 정서적 문제(우울, 불안, 공포 등)을 유발하는 것은 생활사건 자체가 아니라, 비합리적 신념이 그 사건을 왜곡하고 잘못된 생각의 뿌리에 깔려있다는 것이다.

　합리적 정서 치료의 핵심은 정서적 문제에 기저 하는 비합리적 생각을 확인하고 그것을 보다 합리적 생각으로 대체해 나가는 과정이다. 상담을 진행할 때, 상담자의 논박 대상은 내담자 개인이 아니고 내담자가 가진 비합리적 신념이다.

상담 목표는 비합리적이고 왜곡된 사고의 수정으로 내담자의 정서적, 행동적 변화를 추구하는 것이다. 엘리스의 상담 기법은 ABCDE 이론 모형이다.

- A(antecedents) : 선행사건
- B(belief system) : 신념체계나 사고체계
- C(consequence) ; 정서적, 행동적 결과
- D(dispute) : 내담자의 비합리적 신념에 대한 논박
- E(effect) : 상담자가 논박한 후의 효과

베크의 인지치료 용어는 크게 두 가지 의미로 쓰인다. 하나는 인지를 변화시킴으로써 문제를 해결하려는 상담 접근을 지칭하는 것이고, 다른 하나는 우울증에 대한 인지치료를 나타낸다.

인지치료의 상담 목표는 내담자의 부정적인 자동적 사고를 찾아서 적응적 사고로 대치하게 하며, 부정적 사고의 기저를 이루는 역기능적 인지도식을 찾아 그 내용을 보다 현실적인 것으로 바꾸어 나가게 한다.

베크의 인지 치료 이론에서 가장 핵심이 되는 개념 세 가지는 자동적 사고, 역기능적 인지도식, 인지적 오류다. 자동적 사고(automatic thoughts)란 한 개인이 어떤 상황에 반응하여 떠올리는 자동화된 사고이며 부정적일 수도 있고 긍정적일 수도 있다.

역기능적 인지도식은 개인의 인지도식이 부정적인 성질

의 경우를 의미하며 심리적 문제를 초래하는 근원적 역할을 한다. 인지도식이란 세상을 살아가는 과정에서 삶에 관한 이해의 틀을 형성한 것이다.

인지적 오류는 현실을 제대로 지각하지 못하거나 사실 또는 그 의미를 왜곡하여 받아들이는 것을 말한다. 베크의 인지치료 과정의 8단계는 다음과 같다.

① 내담자가 느끼는 감정의 속성이 무엇인지를 확인한다.
② 내담자가 가지고 있는 감정과 연결된 사고, 신념, 태도를 파악한다.
③ 내담자 사고를 1~2개의 문장으로 요약 정리한다. 이 문장은 앞으로 바꿔야 할 내담자의 낡은 사고방식이다.
④ 내담자를 도와 현실과 이성적 사고를 조사하도록 개입한다.
⑤ 과제를 부여하여 신념과 생각의 적절성을 검증한다.
⑥ 긍정적 대안을 찾는다.
⑦ 부정적 사고 정지, 긍정적 사고를 떠올려 자신을 격려한다.
⑧ 희망하는 목표를 설정하고 구체적 계획을 세워 몸과 마음이 목표 달성을 위해 실천에 매진한다.

## 이성적 · 지시적 상담

이성적 · 지시적 상담은 교육과 직업상의 적응 문제를 강조하는 직업상담에서 발전했으며 개인의 특성-요인을 중시한다. 특성(trait)이란 검사를 통하여 알게 된 성격·적성·흥미·적성·가치 등으로 개인이 지니고 있는 특성을 말한다. 요인(factor)은 직업 수행을 위해서 요구되는 직업성취도·성실·책임 등과 같은 직업의 구성 요소를 의미한다.

이성적·지시적 상담의 목표는 개인이 자신의 가능성을 최대한 실현시킬 수 있도록 개인의 전체적 발달을 다루는 것이다. 상담 특징은 상담자 중심의 상담 방법이다. 즉, 상담자가 문제 원인을 발견하고 해결하는 데 책임이 있다. 내담자는 상담자 역할에 협조하고 그 지식에 복종한다.

내담자에 대한 정서적 이해보다 문제의 객관적 이해에 중점을 둔다. 윌리암슨(E. G. Williamson)과 달리(J. Darley)는 이성적·지시적 상담 과정을 6단계로 구분하여 다음과 같이 설명했다. 6단계 중 진단과 상담이 가장 중요한 단계다.

① 분석
내담자의 현재 상태 및 미래의 가능성을 종합적으로 이해하기 위해 측정 기술을 선택·활용하여, 타당성 있는 정보와 자료를 모은다.
② 종합
내담자의 다양한 측면을 정리하고 재배열하여 전체적인 상을 그려본다.
③ 진단
문제를 사실적으로 확인하고 그 원인을 발견하며, 내

담자의 반응과 논리적 결과를 검토하여 행동 프로그램을 제안한다.

④ 예후

가능한 선택을 기초로 이루어진다. 미래와 관련된 것으로 일종의 예언을 시도한다.

⑤ 상담 또는 치료

상담에서 배운 학습을 모든 문제 상황에 적용할 수 있도록 지원하는 학습이며 재교육이다.

⑥ 추수지도

상담에서 학습했던 것을 일상생활에 적용할 때 이루어지는 진전을 강화하고 재평가하며 점검하는 단계다. 또한 상담 효과를 평가하거나 상담 종료 후에 내담자에게 다시 문제가 발생했을 경우에 실시된다.

## 공감적 경청

    어느 대학교 종합병원에서 시한부 선고를 받은 암 환자 가족이 의사로부터 들은 이야기다.
    "이 병이 완치될 것으로 생각하세요? 이 병은 완치가 어려운 병이예요 ……" "항암(치료) 시작하고 좋아진 적 있어요? 그냥 암 재발과 전이방지 증상을 지연시킬 뿐입니다.", "최근 항암제를 바꾸셨는데, 이제 이 약마저 내성이 생기면 슬슬 마음의 준비를 하셔야 될 것 같습니다."
    "주변 정리부터 슬슬 하세요." "환자의 삶에 대한 강한 의지는 잘 알겠는데, 이런저런 시도로 환자에게 더 이상은 고통주지 말고 그냥 편하게 갈 수 있게, 그저 항암약 투약이 들길 바라는 게 ……"
    의사로부터 이런 말을 들은 가족의 심정은 어땠을까. 의사 개인의 문제라기보다 치료 중심의 의료 시스템이 야기하는 부정적 부산물이다. 병을 진단·치료·예방·관리하는 시스템과 의료 기술은 세계적 수준이지만, 의사가 환자와 가족의 마음까지 헤아리는 측면에서는 아직 미흡한 것 같다.

의사는 환자에게 단순히 보건의료 정보만 전달하는 게 아니다. 의사는 질환을 가진 환자를 객체가 아니라 온전한 인격체로 보살펴야 할 것이다. 의료진은 위급한 상황에서 같은 말을 하더라도 환자와 가족의 공감을 유발할 수 있어야 한다.

말기암을 진단받으면 환자나 가족들 모두 몸과 마음이 지치게 된다. 적어도 말기암 통보처럼 나쁜 소식을 전할 때, 의료진의 의사소통 기술은 중요성이 더욱 강조된다.

물론 의사 입장에서는 싸늘하고 냉정한 판단과 경고를 하지 않으면 환자 상태를 정확하게 알리지 않았다는 지적이 추후에 제기될 수도 있을 것이다. 환자의 조기 사망에 대한 책임 추궁이나 소송에 직면하는 경우도 있게 된다.

상담실과 같은 조용한 공간에서 의사가 정보를 제공할 때, "놀라실지 모르겠지만", "유감스러운 결과입니다만" 등의 표현과 공감 단계에서 "힘드실 것으로 생각됩니다"라고 말한다면, 환자 가족에게는 보다 원활한 의사소통이 될 것이다.

심리상담가에게 "죽고 싶다는 사람에게 어떻게 말해줘요?"라는 질문을 한 적이 있다. "말을 끊지 않고, 끝까지 잘

들어줘요"라는 게 답변이었다. 누군가 자신의 말을 잘 들어주는 것에서 '위로'와 '공감'은 시작된다. 심리상담가는 상담의 출발점은 경청이라고 강조했다.

미국 제42대 대통령 클린턴은 약점이 많은 정치인이었으나 그것을 극복하고 연임하여 8년 동안 대통령직을 수행했다. 부하나 참모들과 회의할 때 본인이 주로 말하기보다는 대통령이라는 것을 의식하지 않고, 자연스럽게 의견을 말할 수 있도록 하는 경청 리더십이 뛰어났다.

내담자 이야기를 듣는 목적은 상대를 평가하는 것이 아니라 수용하고 공감하는 것이다. 직업상담을 하면 취업 성공에 대한 답을 얻어야 한다는 일반인의 생각과는 결이 다른 이야기였다.

대부분의 해결책은 이미 내담자 자신이 가장 많이 고민하고 잘 알고 있기 때문이다. 직업상담자는 잘 듣는 것만으로도 이미 충분한 매력 자본을 축적한 것이다.

다른 사람 고통을 자기 고통처럼 느끼는 감정, 그런 걸 공감이라 부른다. 인간은 공감 능력이 있었기에 서로 협력하여 선(善)을 이루고 인간 사회를 발전시킬 수 있었다. 공감은 상담의 핵심 요소이다.

공감이 과도하면 직업상담자의 피로도도 크고 상담 받는 구직자의 상황을 객관적으로 인식하는 과정을 어렵게 할 수도 있다. 직업상담자의 공감적 경청은 매우 중요한 혁신적 상담기법이다.

취업지원기관에서 초보 직업상담자가 상담을 위해 상담실로 들어가려던 그때, 선배 직업상담자가 다가와서 작은 목소리로 귀띔해 주었다. "오늘 첫 상담이지요? 상담실에서는 무조건 구직자 이야기를 들어만 주십시오."하는 것이었다.

인간의 삶이란 결국 말하고, 읽고, 듣기다. 이 세 가지 중에 가장 어렵다는 것이 듣기다. 우여곡절 끝에 애플에 복귀했던 스티브 잡스(Steve Jobs)는 직원들에게 자신을 CLO (최고청취책임자·chief listening officer)로 불러달라고 주문했다.

경청은 상담의 기본이라고 할 만큼 상담기법에서 무엇보다 중요하다. 직업상담자는 구직자 이야기를 잘 듣고 공감하면서 이야기하려는 것을 잘 파악해야 한다.

경청의 '경(傾)'자는 人(사람 인)과 頃(기울 경)이 조합된 것으로 '기울다'가 본래의 뜻이며, '청(聽)'자는 耳(귀 이)와 德(똑바른 마음 덕)으로 구성되어 있다.

직업상담자는 그냥 듣기만 하는 것이 아니라, 구직자에게 더 다가가서 바르게 알아듣는 것이 중요하다. 듣는다는 것은 귀로만 듣는 것이 아닌, 마음이나 눈 등과 같은 몸의 모든 신경을 집중하는 행동임을 강조하는 것이다. 듣는다는 것은 소리를 듣는 것(hearing)이 아니라, 소리를 듣고 이해하는 것(listening)을 의미한다.

성공적인 직업상담을 하려면 직업상담자가 지닌 정보를

구직자가 이해하기 쉽게 표현하는 것도 중요하지만, 구직자가 어떻게 받아들일 것인가에 대한 고려가 바탕이 되어야 한다.

따라서 직업상담자는 상담 과정에서 경청의 중요성을 이해하고 다음 요령으로 경청 능력을 향상시켜야 될 것이다. 첫째, 자신의 도덕관·생각·주장·가치관이 아닌 구직자 입장에서 공감하며 이해해야 한다. 둘째, 구직자의 감정·사고·행동을 판단하지 않으면서 구직자를 한 개인으로 존중한다. 셋째, 솔직한 의사 및 감정 교류를 통해 구직자를 성실하게 대한다.

직업상담자가 상담 현장에서 구직자 말을 잘 듣지 못하는 이유는 무엇일까? 올바른 경청을 하는 데 방해가 되는 사항은 다음과 같다.

첫째, 상담실 주변의 심한 소음이 방해가 될 수 있다. 생활하면서 듣기 좋은 소리와 듣기 싫은 소리가 있는데, 후자를 소음이라 한다. 보통 크기로 말을 할 때 쉽게 들을 수 있는가? 아니면 지나치게 커다란 주변의 소란스러움으로 인해 구직자 이야기가 묻혀서 안 들리는가?

둘째, 대화 중 구직자 이야기를 간섭하고 막아 해를 끼치는 방해를 하는 것이다. 직업상담자가 대화를 하다 말고 통제할 수 있는 방해를 하게 되는 것은 구직자에게 "당신은 중요하지 않아요." 또는 "당신이 하는 말은 듣고 싶지 않아요."라고 하는 것과 같다.

셋째, 내적 요인에 의한 다른 생각이다. 상담 방해는 외적 요인뿐만 아니라 직업상담자의 내적 요인에 의해서도 일어난다. 예를 들어서, 직업상담자가 오늘 밤에 볼 영화나 오전에 있었던 교통사고를 생각하고 있다면, 구직자 말을 경청하는 데 매우 파괴적 요소가 된다.

넷째, 어떤 조건을 임시로 설정하는 가정(假定)에 의한 정형화다. 구직자가 어떻게 보이고 행동할 것이며 무엇을 말할 것인지에 대해 미리 가정을 하면, 직업상담자는 구직자가 무엇을 말하려고 하는지를 이해하기가 힘들게 된다.

다섯째, 구직자 단어와 표현에서 발단이 된다. 가끔 구직자는 무심코 감정을 격하게 만드는 비상단추를 누른다. 직업상담자는 구직자가 하는 말을 잘 경청하는 것이 중요하며 이야기하는 단어 하나하나에 신경을 쓰지 말 것을 명심해야 한다.

마지막으로 경청 태도이다. 직업상담자가 경청 태도를 어떻게 하느냐에 따라 같은 말도 다르게 들리며 응대 방식도 달라진다. 공격적 태도를 지닌 직업상담자는 구직자 말이 끝나기도 전에 논쟁거리를 만들어서 자주 싸우려고 한다. 직업상담자가 취하는 태도는 구직자 말을 경청하기 위한 것이지, 자신의 귀를 멀게 하기 위한 것은 아니다.

직업상담자에게 요구되는 경청의 올바른 자세는 다음과 같다.

첫째, 어수선한 산만함을 물리쳐라. 영혼이나 마음을 합쳐 모으는 정신 집중의 중요성을 강조하는 것이다. 직업상담자는 구직자가 지금 하는 말에 주의를 집중해야 한다.

둘째, 기회주의자가 되라. 직업상담자는 구직자와의 대화에서 실마리를 찾아내기 위해 최선을 다해야 한다. 스스로 자신에게 다음과 같은 질문을 해본다. "내게 어떤 도움이 될까? 지금 하는 말에서 나는 무엇을 얻을 수 있을까? 이 정보가 관계 형성에 어떤 도움이 될까?"

셋째, 긴장이 풀려 방심하지 마라. 구직자가 다소 지루하거나 매우 느릿느릿 이야기하는 경우 직업상담자는 다른 생각을 하기가 쉽다. 직업상담자 생각이 구직자를 앞지를지도 모른다. 직업상담자는 남은 시간을 평가·예측·검토에 사용해야 한다. 그리고 산만함을 물리치고 구직자가 주의력의 중심에 오도록 한다.

넷째, 부수적인 사실보다 중심 테마를 들어라. 직업상담자가 잘 듣지 못하는 이유 가운데 하나는 중요하지 않은 사실이나 세부적 문제에 신경을 쓰느라 중요한 핵심을 놓쳐버리기 때문이다. 직업상담자는 구직자가 어떤 방식보다 무슨 내용을 말하는 가로 판단해야 한다.

다섯째, 들은 내용을 누군가에게 보고한다는 마음으로 경청하라. 직업상담자가 이런 마음가짐으로 듣는다면 집중력과 기억력이 되살아날 것이다.

여섯째, 중요 사항을 메모하라. 상담 후에 메모를 다시

보지 않는다고 하더라도, 직업상담자가 경청하고 있는 말을 받아서 기재하고 정리한다면 내용을 기억하는 데 도움이 된다.

일곱째, 좋은 기회나 알맞은 시기를 기다려라. 직업상담자는 구직자가 말을 채 끝내기도 전에 섣불리 판단하지 말아야 한다.

여덟째, 듣는 연습을 하라. 직업상담자는 눈을 맞추고 구직자가 하는 말에 귀를 기울이는 훈련을 지속적으로 해야 한다.

아홉째, 설명을 요구하라. 의도를 완벽하게 이해하기 위해 구직자에게 설명을 제안한다. 직업상담자는 이때 진실되고 강압적이지 않은 방법으로 설명을 부탁한다.

직업상담자는 경청을 하면서도 그 이면에 표현하고자 하는 구직자 마음을 이해할 수 있는 공감적 경청을 해야 한다. 구직자가 왜 이런 이야기를 할까? 구직자 입장에서 한번 깊이 생각해 보는 것이다.

실업 상태의 구직자는 직업상담자를 자신의 직업이나 취업 문제를 해결해 줄 구세주로 믿고 말에 잘 따른다. 직업상담자는 항상 구직자 심정을 이해하고 격려하며 동기를 질 부여해야 한다.

직업상담자가 상담의 질을 향상시켜 상담 경쟁력을 제고시키려면 공감적 경청 능력을 개발해야 한다. 다음은 대화법을 통한 5가지 경청훈련 방법이다.

첫째, '왜'라는 질문 피하기다. '왜'라는 말은 정보를 구하거나 원인과 이유를 탐색하는 데 사용되지만, 불쾌감이나 불찬성의 뜻으로 왜곡되기도 한다. 구직자는 직업상담자의 '왜'라는 질문을 비난하고 있거나 부정적·추궁적·강압적 표현으로 받아들인다. 따라서 직업상담자는 '왜'라는 질문은 가급적 피하는 것이 좋다.

둘째, 개방적 질문하기다. 개방적 질문은 보통 '누가, 무엇을, 어디에서, 언제 또는 어떻게'라는 어휘로 시작된다. 직업상담자의 개방적 질문은 구직자에게 모든 반응의 길을 터놓으며 보다 시야를 넓히도록 유도함으로써 바람직한 촉진 관계를 형성하게 한다. 서로에 대한 이해 정도를 높이는 차원에서 바람직한 경청 요령이다.

셋째, 주의 기울이기다. 직업상담자가 구직자 이야기에 관심을 기울이면 몸과 마음을 다하여 자신의 관심을 구직자에게 충분히 보여줄 수 있다. 직업상담자는 내담자의 언어적 표현, 비언어적 표현, 표현되지 않은 감정과 동기까지도 주의를 집중하고 경청해야 한다.

넷째, 구직자 경험을 인정하고 많은 정보를 요청하기다. 직업상담자가 구직자 이야기에 대해 적극적 경청을 하게 되면 구직자 경험을 인정·이해하게 된다. 직업상담자의 부드러운 지시와 질문 형태로 많은 정보가 제시될 수 있다.

다섯째, 명확성을 위해 요약하기다. 요약하기는 구직자

이야기 중에서 중요한 내용과 감정에 주의를 기울이거나 파악된 내용과 감정을 통합하여 전달하는 경청 기술이다. 직업상담자의 요약하기는 자신과 구직자를 서로 알게 하며 자신과 구직자 메시지의 요점을 공유할 수 있게 한다.

# 인생은 무의식의 자기실현 역사

 스위스의 정신의학자 칼 구스타프 융(Carl Gustav Jung)은 초기에 정신과협회에서 많은 실험을 했으며, 이를 통해 정신분석학자 프로이트(S. Freud)와 만날 수 있었다. 두 사람은 초기에는 조화를 이루었으나, 융은 이후에 프로이트의 관점에서 벗어나 인간 행동에 대해 독자적 이론을 세웠다.

 분석심리학 체계에서 마음은 인격의 총체로 취급되며 모든 의식과 무의식적 사상·감정·행동을 포괄한다. 인간 정신의 두 측면인 의식과 무의식의 관계를 확립하고 이해하는 것에 연구의 초점을 맞춘다.

 융은 현실적인 외부의 것을 추종하기보다 자기 마음, 내면의 분석, 꿈 등을 통한 무의식에 더 많이 초점을 맞추고 자기분석을 했다. 프로이트로부터 '무의식'의 중요성에 대해 영향을 받은 융은 집단무의식을 도입하여 무의식 영역을 확장했다. 융은 의식과 무의식을 단순히 구분하기보다 서로 상호 보완적으로 정신의 전체성을 이룬다고 보았다.

융은 인간의 총체적인 마음을 의식, 개인무의식, 집단무의식의 세 가지 차원으로 구분했다. 표면의식이란 깨어 있는 상태의 마음을 말하며, 개인무의식은 모든 사건과 감정이 정보 형태로 저장되어 있는 마음이다.

개인무의식은 의식의 개체화 기능과 일치하지 않는 모든 영적 활동과 우연한 경험을 내포한다. 그것은 총체적 인격 속에 독립적으로 존재하는 작은 인격 구조와 같다. 개인무의식은 자주적 구조인 콤플렉스로 표현되어 사상과 행동을 통제하는 데 지대한 영향을 미친다.

집단무의식은 인류가 공통적으로 가지고 있는 문화와 지혜 등이 저장되어 있는 인류 의식의 마음이다. 집단무의식은 본능과 원형으로 구성되어 있으며 문화와 의식을 초월하는 공통의 기저이고, 모든 의식과 무의식 현상은 집단무의식으로부터 생성된다. 융은 집단무의식이 인류를 위한 하나의 지침으로 사용될 수 있다고 믿었다.

융은 인생주기를 인생전반부(아동기, 청년기, 성인초기)와 인생후반부(중년기, 노년기)로 구분했다. 인생전반부 청년기에는 외부와 밀접한 관계를 맺으면서 살고 소통하며 외부에서 답을 찾는다. 에너지를 외향화해서 적극적으로 삶에 임한다.

청년기에는 의존적이고 무력한 어린아이로부터 독립적

인 어른이 되어 정글 같은 사회 속에서 자신의 입지를 다지려고 노력하는 때다. 하지만 인생후반부 중년기는 자신의 내면세계에 귀를 기울이고 내면에 초점을 맞추어 자신의 내면에서 답을 찾는다.

특히, 인간은 내면세계에 관심을 갖고 진정한 탐구를 시작하는 인생 시기가 있기 마련인데, 개성화가 시작되는 시기가 인생의 후반부인 중년부 이후다. 인생전반부에는 오히려 자아와 의식 기능을 강화하면서 외부 세계에 적응하고 외부 세계의 것을 추구하는 시기로 볼 수 있다.

주변 사람들이 흔하게 직면하는 중년 위기는 인생전반부에 취해야 할 생각과 태도로 인생후반기를 영위하기 때문이다. 인생에서 중년기는 삶의 의미에 대한 가치를 재평가하는 시기다. 삶의 의미에 대한 질문은 인간만이 할 수 있는 가장 인간적이고 필수적 질문인 것이다.

중년기 이후 후반부의 삶은 외향적이든 내향적이든 상관없이 에너지를 내향화 하여, 내적 인격인 아니마(anima)와 아니무스(animus)를 만나, 외적 인격인 페르소나(persona)와 조화롭게 통합을 해야 자기실현이 달성된다. 아니마와 아니무스는 융이 분석심리학에서 사용한 용어로 '영혼·정신'을 뜻한다.

아니마는 남성의 무의식의 한 부분을 구성하고 있는 여성적 심상이며, 아니무스는 여성의 무의식의 한 부분을 구성하고 있는 남성적 심상이다. 아니마와 아니무스는 사회적 관계 속에서 보여주는 가면 같은 자아와 달리 진정한 자아를 지칭한다.

페르소나는 '탈'이나 '가면'을 의미하는데, 외부 세계를 향한 행동 양식이나 세상 속에 자리매김한 개인 위치와 역할을 말한다. '있는 그대로의 나'가 아니고 타인에게 '보여지는 나'를 더 크게 보는 것이 페르소나다. 우리는 각자 '여자' '남자' '직장인' '남편' '엄마' '아들' 같은 여러 페르소나를 만들어서 유지하고 있다.

융은 한 개인이 아니마·아니무스와의 인격적 통합을 통해 자아실현을 이룰 수 있다고 주장했는데, 이러한 통합 과정은 개인에 따라 창조적이면서 파괴적으로도 작용할 수 있다. 자아가 적극적 노력을 통해 전체로서의 나를 실현하는 과정을 분석심리학에서는 자기실현이라고 표현한다.

이 과정에는 의식과 무의식을 통합하는 적극적 노력이 필요하다. 외적 세계에서의 역할에 매몰되지 않고 무의식 내용을 의식화함으로써 자기실현은 가능해진다.

# 인문상담 융합

　상담이란 깊이 있는 자기성찰, 존재 가치와 삶의 의미 부여를 통해 자신의 참자아를 찾아가도록 돕는 과정이다. 인간의 존재 의미와 가치를 다루는 인문학은 상담의 근본이 된다. 인문학이 융합된 상담은 상담의 근본 철학을 정립함으로써 상담목표와 과정을 더 넓게 펼쳐갈 수 있다.

　상담자는 깊이 있는 상담을 하기 위해 내담자가 '나는 과거에 어떻게 살아왔으며, 현재 어떻게 살고 있으며, 미래에 어떻게 살아가야 하는가'에 대한 인문적 자기성찰을 하도록 이끄는 안내자·격려자·동행자 역할을 하는 전문가가 되어야 한다.

　그러기 위해서는 직업상담자가 상담 현장에서 인문학의 기본 가치가 융합된 인문상담 서비스를 제공해야 한다. 이혜성 교수(한국상담대학원대학교)는 기존의 상담이론과 실제에 인문학의 기본개념을 더하여 '인문상담(humanities counselling)' 정의를 다음과 같이 요약·정리했다.

- 인간다운 삶을 위한 주체성과 관계성 회복을 돕는 상담
- 개인이 진정한 자아를 탐색하고 정체성을 찾아갈 수 있도록 동행하는 상담
- 인문학에 기반한 자기이해와 자기성찰을 통해 상담자와 내담자가 함께 성장해 가는 상담
- 다양한 병리적 증상의 치료와 사회적 적응보다는 개인의 전인적인 성숙과 사회 공동체의 변화를 통합적으로 추구하는 상담

4차 산업혁명과 함께 찾아온 대전환 시대, 사회 전반에 걸친 변화와 갈등을 어떻게 헤쳐 나가야 될까? 물질문명과 과학 기술의 발전은 인간 삶의 풍요와 편익을 제공했지만 오히려 불평등이 심화되고 인간성 상실을 가져왔다.

그 해결 방안은 인문 가치의 의미를 담은 인간 중심적 사고이며 인문 가치를 통한 성찰과 실천이다. 구직자를 향한 직업상담도 인간 사회에 적합한 보편직 인문 가치를 제시해야 한다.

직업상담자는 문제를 발견하고 해결하는 능력을 기르기 위해서 인문학적 소양이 반드시 필요하다. 창의성이나 통

찰력은 폭넓은 지식의 바탕에서 나오는 데, 그 폭넓은 지식이란 다름 아닌 인문학이다.

인문학은 직업상담자에게 높은 데 올라가 넓게 보는 힘을 줄 수 있으며, 인간과 역사에 대한 지식의 향연이기도 하고, 인간과 삶에 대한 깨달음을 통해 진정한 행복에 이르는 길로 인도한다.

인문학은 인간의 모든 가치 탐구와 표현 활동을 대상으로 한다. 광범위한 학문 영역이 인문학에 포함되는데, 언어·문학·역사·철학·고고학·예술·지역학 등 인간의 삶 전체에 대한 학문이 인문학이다.

인문학은 인간이 어떤 존재이며, 인간이 지향해야 할 목표가 무엇이고, 다른 사람과 어떻게 더불어 살아야 하는가, 다른 사람과 어떻게 소통해야 하는가 등의 문제에 대한 답을 제시한다.

AI 시대는 남들과 비교하지 않고 내 존재 가치가 무엇인지 끊임없이 고민해보는 사회가 된다. AI가 보편화된 사회는 인간 존재의 깨달음이라는 철학과 같은 인문학이 훨씬 더 중요한 사회로 변화될 것이다. 지금은 그 어느 때보다 미래에 대한 통찰력과 창의성이 필요한 때다.

직업상담자가 인문학의 본질적 가치를 배우고 함양하면, 세상 속에 잘 스며들 수 있도록 섬세한 결들을 만들고 삶을 함께 호흡하며 공동체 삶을 만들어 갈 것이다.

한국 대학에서 인문학은 실용과 시장 경쟁력을 추구하기

위해 많은 강좌가 폐지되어 고사 직전이었다. 요즘 들어 인문학 중요성이 강조되면서 인간 이해를 위한 교육에 중점을 두고 있다. 이제부터는 인간을 이해하는 교육을 먼저 시킨 다음, 기술과 데이터에 대한 이해력을 키워줘야 될 것이다.

언어학자이자 미국 노스이스턴대 총장인 조지프 아운(Joseph Aoun)은 『AI 시대의 고등교육』에서 대학 교육이 기존의 문해력(literacy)에 이어 새로 추가할 세 가지 리터러시를 제시했다. 데이터 문해력, 기술적 문해력, 인간 문해력이 그것이다.

빅데이터를 읽어내고 알고리즘(algorism) 및 디지털 기술 구조를 파악하는 능력인, 데이터와 기술 문해력은 4차 산업혁명 시대의 낯익은 개념이다. 인간 문해력은 인간과 문화를 읽어내는 능력으로 인문학, 의사소통, 디자인 교육으로 함양되며, 미래의 사회 환경에서 인재가 역량을 발휘하는 데 필요한 자질이다.

인터넷 사회와 글로벌 자본이 결합된 현대사회는 무한경쟁 사회이며 갈등, 충돌을 특징으로 한다. 이로 인해 정신적 고통은 나날이 증가하고 있다. 숨 가쁜 디지털 혁명 속에 코로나19 충격까지 겹쳐 밝은 미래를 예견하기가 어렵게 되었으며, 기업의 사업 환경이 전반적으로 급변했다.

기업이 현재 원하는 인재상은 단편적 지식이나 기술이 아니라, 세계를 선입견 없이 파악해서 열린 시각으로 접근하는 것이다. 4차 산업혁명의 첨단 기술과 함께 인재는 사유(思惟·considering)와 성찰이라는 인간성을 깊이 이해할 수 있는 사람으로 양성되어야 한다.

기업의 구매·생산·판매 활동은 인간의 욕망을 대상으로 하기 때문에 인문학적 소양이 매우 중요하게 부각된다. 인문학에 대한 관심을 촉발시킨 사람은 스티브 잡스(Steve Jobs)일 것이다.

그가 공식 석상에서 밝힌 "창의적 제품을 만든 비결은 우리가 항상 기술과 인문학의 교차점에 있고자 했기 때문이었다."는 말로 미루어 볼 때, 그 자신과 애플의 성공은 인문학적 소양을 바탕으로 첨단 기술을 활용했기에 가능했던 것이다.

평생직장 시대에서 평생직업 시대로 바뀌었다. 따라서 대학의 교양 교육은 문제 해결을 위한 '방법론'을 터득하는 데 집중해야 할 것이다. 그러나 대학은 이미 오래전부터 취업준비기관으로 전락(轉落)하고 말았다. 또한 교육에 투자되는 비용에 비해 학생이 얻는 부가가치가 크지 않다는 시각도 힘을 얻기 시작했다.

대학의 주요 기능이었던 지식 전수만으로는 수요자인 학생과 학부모를 설득할 수 없게 됐다. 취업에 꼭 필요한 지식과 스킬은 MOOC같은 대체재에서도 얻을 수 있는 시대다. 유투브(You Tube)와 MOOC(온라인 공개수업·massive open online course)에 노벨상 수상자의 강연부터 각 분야

최고 전문가의 동영상 서비스가 널려 있다.

대학은 교양과 전공이 조화를 이룬 융합 교육으로 사회 문제를 풀어내는 인재 양성에 주력해야 한다. 융합 교육은 입시나 대학에서 풀었던 단순하고 표준화된 문제가 아니라 새롭고 여러 분야가 얽힌 문제를 해결해야 하기 때문에 매우 중요하다.

교양 교육은 우리 생각을 설득력 있게 말과 글로 쓰는 방법, 그리고 분석적이고 창의적으로 생각하는 방법을 가르쳐야 한다. 첨단 기술과 인간성을 종합적으로 이해할 수 있는 수준 높은 복합 교양 교육이 어느 때보다 중요하게 되었다. 복합 교양 교육이란 미래 사회와 조직이 요구하는 소통, 협력, 문제 설정, 문제해결 능력을 갖춘 인재를 양성할 수 있는 교육이다.

세계 1위 혁신 대학으로 미국 미네르바대가 주목받고 있다. 미네르바대는 융합적인 사고로 사회 문제를 해결할 인재 양성을 위해 벤처 창업가 벤 넬슨(Ben Nelson)이 기업 투자를 받아 2014년에 개교했다.

미네르바대는 캠퍼스가 없고, 학생은 서울·샌프란시스코·베를린·런던·부에노스아이레스·타이베이·하이데라바드 등 선 세계 7국을 돌아다니면서, 수업은 온라인으로 듣는 교육과정으로 진행된다.

가장 혁신적인 대학으로 손꼽히는 이유는 온라인 수업, 전 세계를 경험하는 것, 학생들이 기업과 직접 프로젝트

수업을 하기 때문이다. 서울에 세울 '지속 가능 연구실'에서는 학생과 교수진, 기업이 함께 협력하고 다양한 프로젝트를 하면서 창업도 가능하게 한다.

Chapter 5

# 직업상담자 셀프 브랜딩

지혜롭고 책임감 있는 직업상담자는 대다수 구직자로부터 신뢰와 존경을 받으며, 장기간의 상담 경험과 자신의 수련 과정을 중요시하고, 구직자와의 상담에서 적절한 전문적 경계선을 만들어 유지하는 관계를 관리해야 한다.

# 첫발을 디딘 초보 직업상담자

　상담은 전문적 훈련을 받은 상담자가 구직자와의 대면 관계에서 생활과제의 해결과 사고, 행동 및 감정 측면의 인간적 성장을 위해 노력하는 학습 과정이다. 상담(counseling)은 라틴어 'Counselere'에서 유래됐으며 '고려하다, 조언을 구하다, 반성하다, 숙고하다' 등의 의미가 있다.

　상담은 행동 양식이나 성격적 측면에서 변화를 가져오는 '전문적 상담'이고, 일상용어인 상담은 '면담'의 성격을 띠고 있다. 상담에 관한 정의를 살펴보면 다음과 같다.

　첫째, 정보교환, 상호협의 하는 상황이다. 둘째, 감정·행동상의 문제 해결이다. 셋째, 상담 결과로 구직자는 생활과제의 해결과 사고·행동·감정 측면에서 인간적 성장을 추구하며 변화를 이룩한다.

　직업상담은 구직자의 직업 문제를 취급하며 구직자의 일

생에 관여하는 것이라고 생각하면 대단히 중요하다. 직업상담은 개인의 직업경력을 다루기 때문에 진로상담이나 취업상담과는 다르다.

평생직업 시대에 직업상담은 왜 필요할까? 첫째, 평생직업 시대에 개인의 직업전환에 전문가 지원이 필요하다. 둘째, 개인의 생애주기 변화로 과거보다 긴 기간 동안 직업생활을 하게 되므로 진로계획 수립 시 직업상담이 필요하다. 셋째, 개인이 모든 직업정보를 수집하기가 어려우므로 직업상담자에게 의존하는 것이 바람직하기 때문이다.

직업상담은 일정기간(1년, 반기, 분기, 월) 동안 기획을 수립하여 효과적으로 운영돼야 한다. 그러기 위해서는 기간에 따른 상담활동 계획을 상세하게 수립하는 것이 중요하다. 직업상담자의 직업상담 업무와 관련된 관리 대상 업무에는 직업상담 설계 업무, 직업상담 연구 업무, 직업상담 평가 업무가 있다.

관리 대상인 직업상담 설계 업무는 직업상담 운영의 구조를 명확하게 한다. 다시 말해서 직업상담의 운영시간, 직업상담 방법, 직업상담프로그램 개발, 직업상담프로그램 진행자, 직업상담 평가에 관한 윤곽을 만든다. 직업상담 설계 업무에는 직업상담자가 수행하는 구인·구직 개척 업무와 직업상담 관련 행사기획 등도 포함된다.

다음의 관리 대상은 직업상담 연구 업무이다. 직업상담은 매우 전문적 영역이므로 지속적 발전을 위해 연구 활동이 뒷받침돼야 한다. 그리고 직업상담 평가 업무를 실시하여 예산 집행, 지원, 프로그램 효과에 대해 생생한 정보를 얻는다. 특히, 직업상담 설계부터 상담 결과에 이르는 모든 과정을 피드백 함으로써 직업상담 서비스의 질적 향상을 지향할 수 있다.

그 밖에도 직업상담 업무와 관련된 업무에는 직업상담 시설설비, 직업상담 운영, 직업상담프로그램 운영 업무와 같은 관리 대상이 있다. 직업상담자가 맡게 되는 상담 업무에는 직업과 관련된 법적이고 일반 사항에 대한 일반상담 실시와 구인·구직상담, 창업상담, 직업적응상담, 직업전환상담, 은퇴 후 상담 등이 있다.

유능한 직업상담자란 무엇을 의미하는가? 그것은 인간으로서의 상담자와 전문가로서의 직업상담자에게 부여된 직분 이행이다. 직업상담자로서 첫발을 디딘 초보 직업상담자는 다양한 걱정거리를 만나게 된다.

초보 직업상담자는 부적절감 때문에 상담 업무를 그만둘 필요는 없다. 앞으로 직면할 걱정거리와 같은 장애물은 목표를 달성하기 위한 디딤돌에 불과하다.

40년 동안 인간생태학을 연구해온 미국 코넬대의 칼 필레모(Karl Pillemer) 교수는 '사람들은 행복해지기 위해 최선을 다하는데, 왜 여전히 불행할까?'라는 의문을 품고, 해답을 얻기 위해 65세 이상 노인 1,000명에게 "당신의 삶을 되돌아봤을 때, 가장 후회하는 일은 무엇입니까?"라고 물었다.

그러나 답변은 예상했던 것과 다른 결과가 나왔다. 사람들이 가장 후회한 일은 "너무 걱정만 하며 살았던 것"이었다. 예리하고 자존심이 강한 사람일수록 불만과 걱정이 많아지는 경향을 보인다. 걱정을 많이 하는 사람일수록 스트레스로 인해 몸과 마음이 각종 통증과 염증, 나아가 우울증에 시달린다.

초보 직업상담자가 직면하게 될 모든 업무도 생각하기 나름이다. 유연하고 긍정적으로 생각하는 게 중요하다. 그런 밝고 생산적인 생각의 원동력이 바로 둔감력이다. 일본의 외과 의사 와타나베 준이치((渡辺淳一)는 『나는 둔감하게 살기로 했다』에서 "진정으로 행복해지고 싶다면 예민함에서 벗어나 조금만 둔감해질 것"을 요구했다.

그는 짧은 인생을 걱정 없이 행복하게 살 수 있는 방법으로 둔감한 마음의 힘, 즉 '둔감력'을 가질 것을 역설했다. 강력한 둔감력 없이 초보 직업상담자가 조기에 원만하게 업무를 추진하고 조직 생활에 잘 적응할 수 있는 묘안은 없다.

『국부론』의 저자이자 '자본주의 아버지'라 불리는 애덤 스미스(Adam Smith)는 일찍이 '더 나은 삶을 이루고 싶어 하는' 인간의 본성을 알아차렸다. 그는 인생에 대해 통찰력이 빛나는 『도덕감정론』에서 인간을 현미경으로 관찰했다.

책의 주된 내용은 인간관계에 초점을 맞추었다. 『도덕감정론』에서 주요 단어는 공감과 동감의 차이다. 공감은 '다른 사람'의 감정과 동화되어서 생각하는 것이며, 동감은 '나'라는 관점에서 '다른 사람'을 이해하는 것이다.

"내담자와 다른 직업상담자로부터 사랑받고, 사랑스러운 존재가 되면 초보 직업상담자도 행복해질 수 있다." 새삼스럽지 않은 당연한 얘기다. 여기서 사랑이란 사회적 인정, 칭찬, 명성, 좋은 평판 같은 걸 가리킨다.

그러려면 다른 사람들이 생각하는 내 모습과 실제 내가 같아야 한다. 억지로 사랑받으려고 자신을 거짓으로 꾸미고 비열하게 아부를 일삼는다면 그건 진정한 행복이 아니라는 것이다. 초보 직업상담자는 정직한 방법으로 내담자와 다른 직업상담자로부터 존경·존중을 받는 삶을 살아야 사랑받고 행복해질 수 있다.

직업상담자는 초기면담 이전에 구직자의 구직욕구를 파악하고 분석하여 구직자가 취업상담서를 작성하도록 안내한다. 작성 후 직업상담자는 초기면담을 구조화하고 상담 업무 진행에 들어간다.

직업상담자는 구직자에게 상담 구조화를 위해 다음 사항을 알려줘야 한다. 상담 시간을 잘 지키고 취업을 위한 노력 여부를 확인한다, 상담의 최종 목표인 취업과 구직 활동에 대해 확인한다, 제시하는 프로그램에 적극적으로 참여하여 직업상담자가 제출하는 과제를 성실하게 수행하도록 한다, 상담 시간 변경 등의 사유가 발생할 경우 직업상담자와 상의할 것을 확인한다.

초기면담을 진행하는 경우 직업상담자는 구직자와의 성공적인 첫 대면을 위해 바람직한 자세가 필요하다. 좋은 결과가 있을 것이라는 희망적이고 긍정적 태도를 가진다. 직업상담자는 구직자 입장에서 생각하는 내담자 중심적인 태도를 가지고 비난·비판보다 수용하고 존중하는 허용적 자세를 가져야 한다. 일관된 태도와 행동으로 끊임없이 구직자를 이해하려는 진지한 모습을 보인다.

초기면담에 임하는 직업상담자는 구직자의 언어적 요소 외에 비언어적 요소도 파악해야 한다. 구직자의 비언어적 요소에는 신체 언어와 외형적 특징이 있다. 구직자의 신체 언어는 상담실에 들어오는 순간부터 자세, 얼굴, 표정, 시선, 접촉, 목소리 등으로 보여지는 것을 의미한다. 외형적 특징에는 옷차림, 두발 상태 등이 해당된다.

초기면담에서 직업상담자는 구직욕구와 유형 분류에 대한 결과를 알려 주고 구직자의 구직욕구에 대한 분석을 하며 면담을 진행한다. 면담을 진행하면서 구직자의 특이 사항이 있는지도 검토해야 한다.

초기면담을 마무리할 때는 면담 과정에서 새롭게 확인된 사항을 이미 작성한 취업상담서에 수정·보완하고, 상담일지 등을 작성함으로써 초기면담 결과를 기록하여 보관한다. 초보 직업상담자가 경험하는 직업상담의 여러 측면을 정리하면 다음과 같다.

첫째, 불안 다루기다. 불안과 자기 의심을 갖는 것은 지극히 정상적인 일이다. 중요한 것은 그것을 어떻게 다루느냐. 자신에게 피드백을 줄 신뢰할 만한 동료와 슈퍼바이저(supervisior)를 찾아야 한다.

둘째, 모호함과 함께 살아가기다. 초보 직업상담자는 단기간에 즉각적인 상담 실적과 업무 결과를 얻지 못할까 봐 불안해한다. 현실적으로는 불안과 모호함을 지니고 편안함이 줄어든 상태에서 업무에 임할 수밖에 없다.

셋째, 자기개방의 적합성이다. 적절한 수준의 자기개방을 결정하는 것은 유능한 직업상담자가 되기 위해 해결해야 할 문제다. 특히, 초보 직업상담자에게는 쉽지 않은 일이다. 자기개방의 적절성을 평가하기 위해 무엇을, 언제, 얼마만큼 공개할 것인지 고려해 본다. 너무 적게 개방하는 것이나 많이 개방하는 것도 모두 문제가 된다.

넷째, 완벽주의는 미덕이 아니다. 완벽을 추구하지 않는다고 최고의 능력 있는 모습이 되는 것에 무관심하거나 불성실하게 업무에 임하라는 것은 아니다. 완벽은 방향이지 목표가 아니다. 초보 직업상담자는 현재 처한 위치를 수용하고 슈퍼비전(supervision) 경험을 통해 지식과 기술을 습득하면 항상 더 배우고 성장할 수 있다.

다섯째, 유머의 유효한 활용이다. 구직자에 대해 웃는 것은 부적절하지만. 구직자와 웃는 것은 치료적이다. 유머는 주제에서 비껴가거나 불편한 현실을 직면하지 않는 방법으로 사용해야 한다.

여섯째, 침묵 다루기다. 침묵이 구직자에게 무엇을 의미하는지를 탐색하는 것이 중요하다. 침묵은 구직자가 자신의 경험을 효과적으로 돌아보는 데 유용하며 상담 중에 필요한 경우도 있다. 상담 중에 침묵이 생기면 그것을 허용하고 침묵이 구직자에게 무엇을 의미하는지를 구직자와 이야기한다.

구직자가 "모르겠어요."라고 해도 쉽게 포기하지 않고 직업상담자는 다음과 같은 말로 반응한다. "생각해 봐요, 무엇에 대한 침묵인지 떠올려 보세요. 이 순간에 마음속에서 무엇이 일어나는지 살펴보고 그것을 단어로 표현해 보세요."

일곱째, 구직자와 협조적으로 작업한다. 상담, 슈퍼비전, 교육은 협력적 노력의 과정이라는 점을 인식해야 한다. 직업상담자 역할은 구직자의 삶을 지시하는 책임을 지는 것이 아니다.

직업상담자는 상담 후 오랜 시간이 지나서도 구직자가 독자적 선택을 하고 문제를 효과적으로 해결할 수 있는 능력을 개발하게 하는 것이다.

여덟째, 구직자가 눈높이를 맞출 수 있도록 정보를 제공하고 도와준다. 초보 직업상담자가 구직자에게 "눈이 높아서 취업이 어려워요", "눈높이를 좀 낮추세요~"라고 이야기한다면 부적절하다.

눈높이는 직업상담자가 아닌 구직자 본인이 맞추어야 한

다. 만약 눈높이를 높게 또는 낮게 맞춘다면 그것은 직업상담자가 하는 게 아니라 구직자 본인이 할 일이다.

 마지막으로 구직자를 가르치려 하지 않는다. 구직자는 가르침을 받으러 온 것이 아니라 직업상담자로부터 지지를 받고 정보를 얻기 위해 방문한 것이다. 구직자가 작성한 입사지원서를 보면서 구직자의 경력과 능력을 인정해 주면 효과적인 상담이 될 수 있다.

# 멘토 리더십

멘토 개념은 지혜와 신뢰로 한 사람의 인생을 이끌어 주는 지도자와 동의어로 사용된다. 즉, 멘토는 현명하고 신뢰할 수 있는 상담 상대, 지도자, 스승, 선생의 의미다.

보통 스승이라고 하면 자신보다 나이와 경륜이 많은 사람을 떠올리지만, 멘토는 동갑내기 친구도 될 수 있다. 스승이 무엇인가를 '직접 가르쳐주는 사람'이라면, 멘토는 '이끌어 주는 사람' 뜻이 강하다.

"리더가 자신에게 주어진 권한·권력을 올바르게 행사하려면 어떻게 해야 할까" 리더는 항상 발휘해야 할 자신의 리더십과 어떠한 권위를 구축할 것인지에 대해 숙고해야 한다.

리더가 행하는 작은 태도가 쌓여 그 리더의 운명이 되고, 그 리더가 속한 조직의 운명도 결정된다. 좋은 리더란 스스로를 성찰하여 자만을 덜어내고 잘못된 판단을 방지해 자신이 가진 에너지와 역량을 옳은 방향으로 사용하는 역할을 해내는 사람이다.

멘토형 리더는 한 팀이나 조직 또는 개인의 삶에서 '최선'을 이끌어내는 지혜로운 조언자이다. 멘토형 리더가 추구하는 가치가 바로 멘토 리더십이다.

| 표 3 | 멘토링 관련 용어

| 용어 | 정의 |
| --- | --- |
| 멘토링<br>(mentoring) | • 멘토(mentor)와 멘티(mentee)의 상호합의에 따라 일정기간 동안 멘티의 인품과 역량을 개발하는 인재 육성<br>• 인간관계 활동 |
| 카운슬러<br>(counselor) | • 문제를 안고 있는 사람이 스스로 동기부여가 되어 자발적으로 문제를 해결할 수 있도록 조력<br>• 심리적 정신적인 면의 접근이 많고 비지시적 방법 선택 |
| 컨설턴트<br>(consultant) | • 비지시적 방법과 병행하여 직접적인 문제해결, 솔루션을 제공<br>• 같이 전략을 수립하여 실천하도록 조력하는 방법. 즉, 지시적 방법을 주로 활용 |
| 코칭<br>(coaching) | • 발전하려고 하는 의지가 있는 개인의 잠재능력을 최대한 개발<br>• 발견 프로세스를 통해 목표 설정, 전략적 행동, 그리고 매우 뛰어난 결과의 성취를 이루려는 협력적 관계 |

멘토 리더십(mentor leadership)은 타인의 삶에 적극적으로 관심을 가져서 그들이 끊임없이 성장하도록 영향을 미친다. 타인의 가치를 끌어올림으로써 그들을 또 다른 리더로 양성한다. 멘토 리더십은 다른 리더를 세워가는 '자기복제 능력'을 갖고 가치 있는 삶을 살면서 선(善)한 영향력을 발휘하는 것이다.

멘토링과 비슷한 제도로 엘더 제도(elder system)가 있다. 선배 사원을 '엘더(elder)'라고 하며 후배 사원을 서포트 한다. 엘더 제도는 업무 관련 서포트에 중점을 두는 반면, 멘토 제도는 정서적 부분(업무 외적 고민이나 인간관계), 커리어 개발 등 다방면으로 서포트 한다.

멘토링은 개인 또는 단체 차원에서 미숙련자를 이끌고 지도하여 숙련자로 육성하는 활동을 의미한다. 멘토링 시스템은 선배가 후배에게 경험과 지혜를 나눠주는 의사소통 시스템이다.

멘토링은 나이가 많고 경험이 풍부한 멘토가 사제(師弟)로 관계를 맺는다. 자신의 경험과 지식을 바탕으로 '도움을 받는 자'인 멘티(mentee)의 잠재력을 개발시켜서 성공에 이르게 하는 것이다. 즉, 멘토(mentor) 역할의 선배와 멘티라 불리는 후배가 1:1의 결연을 맺어서 도움을 주고받으며 성장한다.

**표 4** 멘토링과 교육·훈련의 비교

| 구분 | 멘토링 | 교육·훈련 |
|---|---|---|
| 목적 | • 태도와 마인드 변화<br>• 성장 잠재력 개발 | • 업무성과 제고<br>• 전문지식 습득 |
| 초점 | • 구성원의 잠재 역량 개발 및 일을 통한 학습능력 제고 | • 주로 업무수행에 필요한 전문지식 습득에 초점 |
| 주체 | • 같은 부서의 상사 또는 자주 접하는 사람 | • 외부/내부 전문가 |
| 관계 특징 | • 지식 전달 외에 감정적 관계까지 포함<br>• 1:1 관계 | • 전문가와 비전문가 관계<br>• 1: 다수 관계 |
| 장소 | • 업무현장, 회사내부 | • 강의실, 교육기관 |
| 기간 | • 장기적(수개월~1년 이상) | • 단기적(몇 주 ~ 몇 개월) |

멘토링은 물론 쌍방향 통행이다. 멘토의 전문적 지식과 경험은 물론 에너지와 열정 그리고 긍정적 자세의 영향으로 멘티는 새로운 기운을 받음으로써 변화를 경험할 수 있다.

멘토링 참가자는 다음 유의사항을 참조해야 한다. 멘토링에 참여하고자 하는 사람, 멘토 그리고 멘토링 추진단체가 충분한 대화를 거쳐서 목적과 과정에 동의해야 한다, 멘토에 대한 훈련과 조언이 있어야 한다, 합의된 감독 및 평가 과정이 있어야 한다, 참여하고자 하는 사람 및 추진단체의 약정(約定) 내용이 있어야 한다, 관련된 모든 요소가 소개되어야 한다, 잘못되는 일이 있다면 서로 동의하여 규명해야 한다.

Z세대는 직장에서 다른 어느 세대보다 심한 중압감을 느끼고 스트레스를 가장 많이 받는 세대다. 지난 몇 년 사이에 직장생활을 시작한 Z세대는 팬데믹을 벗어나는가 싶더니 불운한 합류 지점에 맞닥뜨리게 되어 힘든 상황에 처하게 됐다.

재택근무 등으로 유연한 생활을 하다가 매일 출근을 하다 보니 대인관계, 직장예절, 조직문화에 적응하는 것도 두려움을 주는 스트레스 요인이다. 직장마다 Z세대와 함께 일하는 합리적 방법을 모색하는 것이 고민이라고 한다.

MZ세대는 잔소리를 싫어하며 잔소리하는 어른을 '꼰대'로 취급하는 것처럼 보인다. 하지만 MZ세대도 필요한 잔소리, 심지어 쓴소리를 스스로 찾아 듣기도 한다. 이들에게도 꼰대는 싫지만, 여전히 멘토는 필요하기 때문이다.

꼰대와 멘토를 나누는 기준은 무엇일까? 꼰대는 자신의 과거만을 말하고 자기 생각만 고집하며 "나 때는 말이야"의 언어유희(言語遊戲)를 자주 하는 중장년층이 주류다.

꼰대는 명령하듯 말하거나 자기 위주로 말한다. 말이 너무 많으며 폭언과 괴성으로 상대방 행동을 바꾸려고 시도한다. 꼰대는 나이 많은 사람이 아닌, '말이 통하지 않아 고쳐 쓸 수 없는 사람'에게 붙는 말이다.

반면에 멘토는 미래를 말하는 사람이다. 멘토는 상대방 반응을 살피면서 이야기를 하며 칭찬과 권유로 상대방 행동을 바꾼다.

누가 나에게 적합한 멘토가 될 수 있을까? 친구, 동료, 가족, 상담자, 교수, 코치, 조언자, 스폰서, 개인적 및 전문적 발달 촉진자, 격려자, 역할 모델, 슈퍼바이저(supervisior) 등이 나의 멘토가 될 수 있다.

직업상담자가 교육적·전문적 경력을 쌓아가는 과정에서 다양한 주변 사람들이 가이드와 제언을 해줄 것이다. 직업상담자 여정(旅程)에도 여러 길이 있을 수 있으므로 다수의 멘토를 갖는 것이 좋다. 서로 다른 사람들은 상이한 방법으로 도움이 될 수 있기 때문이다.

모든 직업상담자에게도 직업상담 전문가가 되는 꿈을 갖도록 해준 누군가가 있다. 떳떳하게 오늘에 이르게 된 것은 개인적으로 그리고 전문적으로 유능해질 수 있을 것인가에 대한 자기의심과 불안을 직면했기 때문이다.

일반적으로 믿어주는 한 명의 멘토는 꿈을 추구하기 위해 필요한 동기를 제공해 준다. 우리 모두는 개인적 또는 전문적 발달이 어느 수준이든지 어떤 방식으로도 멘토가 돼야 한다.

그러면 가능하다고 생각하지 못했던 수준까지 올라서게 되며 멘토링을 통해 다른 사람에게 그것을 돌려주고 싶어 한다. 결국 멘토링을 받고 나중에는 다른 사람을 멘토링해

주는 순환과정이 반복될 것이다.

  멘토링은 내가 다른 사람으로부터 멘토링을 받은 과정과 이제 내가 배운 것을 다른 사람에게 전해주기 시작하는 과정도 모두 포함된다.

  멘토를 찾으려면 어떻게 해야 할까? 주변 사람을 살펴보고 그들의 행동을 관찰한다, 다른 사람에게 누구의 지도를 받았는지 문의해 보고 지도 원칙은 어떤 것인지 물어본다, 그리고 그들의 멘토가 어떤 이야기를 해주었고 무슨 행동을 보여주었으며, 어떤 사람을 소개하여 결과가 어떤 점이 달라졌는지를 들어 본다.

  멘토로서의 직업상담자는 조언하고 지도하며 가르쳐서 영감을 불러일으켜 주고 모범이 되는 경험자로서 지혜의 선각자가 되어야 한다.

  지혜롭고 책임감 있는 직업상담자는 휴머니스트(인도주의자·humanist)로서의 멘토, 삶의 방향을 제시하는 철학자로서의 멘토, 사랑을 나누는 실천자로서의 멘토, 인격자로서의 멘토, 전문가로서의 멘토에게 요구되는 능력개발을 위해 노력해야 한다.

# 래포와 관계 형성

　초기상담에서 구직자와의 신뢰 형성을 위한 래포(rapport) 형성이 아주 중요하다. 래포 형성이 잘되어야 구직자가 직업상담자를 믿고 상담에 잘 협조하기 때문이다. 래포란 직업상담자와 구직자 간의 공감적 인간관계 또는 그 친밀도를 의미하는 심리학 용어다.

　서로를 신뢰할 수 있는 관계를 의미하는 래포는 상담에서 가장 중요한 키포인트다. 직업상담자와 구직자 간에 형성되는 래포 정도는 상담의 깊이와 계속성, 구직자 통찰에 크게 영향을 미치기 때문에 절대적 조건이 된다.

　직업상담자는 상담 면접 초기에 될 수 있는 대로 빨리 그리고 신속하게 구직자와 친밀한 관계, 즉 래포 형성을 위해 노력해야 한다.

　래포 형성은 직업상담자가 구직자로 하여금 적극적 방향

으로 성장할 수 있도록 자신의 내적 자원을 이용하게 하며, 의미 있는 생활을 영위할 수 있도록 구직자의 개인 잠재력을 실현하게 하는 역동적 과정이다.

래포 형성이 되면 구직자는 직업상담자에게 자신의 마음을 숨기지 않으므로 직업상담자는 구직자를 온전하게 도와줄 수 있게 된다. 상담 과정에서 저항이 생겨도 서로에 대한 믿음이 있으므로 비교적 쉽게 해결할 수 있다.

취업지원기관을 방문하는 사람은 일자리를 구하려는 구직자가 대다수다. 직업상담자는 그런 구직자의 방문 목적을 잘 알고 있으므로 생각 없이 "일자리 구하러 오셨나요? 어떤 일자리를 원하세요?"로 시작하는 경우가 많다.

그러나 직업상담자가 보다 더 래포 형성을 잘하고 초기 상담을 시작하게 되면, 구직자가 방문 목적도 달성하게 되고 직업상담자에 대한 신뢰도 좋아질 것이다. 래포 형성을 아주 능숙하게 잘하는 직업상담자는 어떻게 할까?

첫째는 상호 간에 관계를 두텁게 하는 말씨를 사용하는 방법이다. 인간관계를 두텁게 하는 방법은 구직자가 듣기 쉽고 좋아하는 말씨를 직업상담자가 사용하는 것이다.

그러기 위해서는 화제가 풍부해야 하며 공통된 화제를 이끌어내야 한다. 주고받을 만한 화제를 풍부하게 갖고 있는 것은 대화를 잘하는 데 매우 유용하고 화기애애한 분위기를 조성하는 데도 긴요하다.

이를 위해 평소에 사물 보는 눈을 기르는 것이 선결 과제다. 예리한 관찰력, 많은 사물을 접하고 생각하는 습관, 문제 의식 등이 풍부한 화제를 지니게 되는 밑거름이다.

화제가 풍부하다고 곧바로 즐거운 대화가 되는 것은 아니다. 화제 선택이 중요하다. 직업상담자의 대화가 즐겁게 되려면 화제는 모두에게 공통적이면서 구직자에게 흥미가 있어야 한다.

둘째는 올바른 경청으로 구직자가 신뢰를 갖게 한다. 상담에서 가장 중요한 것은 경청이다. 경청을 잘하면 구직자는 직업상담자에 대해 믿음을 갖고 잘 따라올 것이다. 일반적으로 직업상담자가 훌륭한 경청자가 되지 못하는 이유는 다음과 같다.

말하는 것보다 생각을 더 빨리한다. 사람들은 1분에 125개의 단어를 말한다. 흥분했을 때는 이보다 더 빠르게도 말한다. 사람은 1분에 500개 단어를 접할 수 있는 능력을 가지고 있다. 뇌는 이러한 능력으로 다른 것을 생각하면서 주의를 돌린다.

직업상담자의 응답을 위한 준비가 경청을 방해한다. 직업상담자는 상담 중에 구직자의 감정·태도·역할에 대해 기대를 한다. 수신자인 직업상담자의 그러한 기대가 구직자의 메시지를 전달하는 데 방해가 된다. 직업상담자는 구직자의 감정·태도·역할에 동요되지 않도록 하고 섣부른 판단을 하지 말아야 할 것이다.

셋째는 '백트래킹(backtracking)' 대화법을 활용한다. 백트래킹이란 구직자가 하는 말속에서 핵심 키워드를 찾아서 맞장구를 쳐주는 기술을 말한다. 직업상담자가 백트래킹을 잘해주면 구직자와 대화를 자연스럽게 잘할 수가 있고 편안하다는 인식을 줄 수 있다.

직업상담자가 처음 만난 구직자와 신뢰감을 형성하는 것은 매우 중요하다. 이때 활용하는 대화법이 백트래킹이다.

예컨대 직업상담자가 구직자로부터 "1년 동안 계속 불안한 감정을 느꼈다. 이런 불안감에서 이제는 그만 벗어나고 싶다"라는 이야기를 들었을 경우, 직업상담자는 "실직 상태 1년이요? 그 시간 동안 줄곧 불안한 감정을 느끼며 고민하셨군요."라고 회답하는 것만으로도 구직자와 신뢰감을 쌓는 대화를 이끌 수 있다.

상담 현장의 기본적 규칙은 일단 구직자가 상담을 하러 오면 직업상담자는 구직자를 반갑게 맞을 준비가 되어야 한다. 이 원칙이 깨지면 구직자는 관심 부족이라고 생각하게 되어 직업상담자와 관계 진전이 어려워진다.

직업상담자와 구직자 간의 긍정적이고 생산적인 관계는 상담에 있어서 필수불가결한 조건이다. 특히, 구직자 이야기를 들어주고 공감해 주는 기술이 중요하다.

직업상담자는 구직자의 욕구·관심사·가능성 등에 관심이 있음을 구직자에게 보여줌으로써 일단 긍정적이고 생산적인 관계를 수립한다. 이어서 직업상담 전과정을 통해 관계를 발전시켜 나간다.

구직자는 진로계획 단계, 직업생활, 실직상태, 그리고 직업에 복귀하거나 은퇴한 후 등 다양한 연령대와 환경에 처해 있다. 직업상담자는 구직자가 제공하는 정보와 행동에 대해 이해력이 필요하다.

직업상담자는 구직자 문제를 단순히 문제로만 보면 안 된다. '문제가 곧 장점일 수도 있고 가능성일 수도 있다.' 이러한 생각과 자세를 항상 열어 놓고 있어야 한다.

직업상담자는 구직자 문제 속에서 가능성을 어떻게 찾아내는가가 매우 중요하다. 구직자와의 만남을 위하여 직업상담자는 다음과 같이 준비할 필요가 있다.

① 상담 회기를 준비한다.
② 구직자를 만나고 즉각 구직자 관심에 호소한다.
③ 언어적·비언어적 행동으로 온정, 존중, 보호를 표현한다.
④ 문화적 차이와 성별에 따라 구직자 관심을 민감하게 대한다.
⑤ 구직자와 직업상담자 역할에 따라 초기 기대를 발전시킨다.
⑥ 좋은 관계 형성을 위해 상담 전략을 활용한다.
⑦ 정확하고 효율적으로 구직자 문제를 명시하고 구직자가 목표를 수립하도록 돕는다.

# 인맥 네트워킹

인맥(personal connection)이란 정계, 학계, 재계에서 형성된 사람의 유대관계이며 같은 계통·계열의 사람을 말한다. '네트워킹(networking)'은 관계망, 연결망, 연계망이라고도 하며 고기 잡는 그물을 연상하면 이해가 쉽다.

효과적인 인맥 네트워킹 방법을 제시하면 다음과 같다. 첫째, 인적 네트워크를 구축하는 데 노력해야 한다. 둘째, 인맥에 대한 부정적 인식을 바꿀 필요가 있다. 셋째, 관계자에게 내가 원하는 정보, 그리고 연락처를 알려줘야 한다.

인맥이라고 하면 먼저 부정적 이미지(학연, 지연, 혈연, 아부, 낙하산 등)가 떠오른다. 학연(學緣)의 경우 공직 인사 때마다 어느 학교 출신인가가 화제가 되며 일반 대중의 관심을 집중시킨다.

학연은 지연(地緣)·혈연(血緣)에 버금갈 정도로 질기다. 학파(學派)나 학풍(學風)이라면 긍정적 요소도 있지만 학연은 대부분 폐쇄적 정실주의로 흐른다. 학연은 '끼리끼리' 뭉치면서 조직을 망치고 비리의 온상이 되기도 한다.

인맥을 긍정적으로 보는 사람은 인맥이란 나의 능력을 인정받고 또 상부상조하는 관계로 본다. 인맥을 긍정보다 부정적으로 보는 사람이 많다. 특히, 힘 있는 사람이 권력으로 부정하게 취업한 사례가 언론에 보도될 때마다 더욱 그렇다.

인맥이 넓으면 아무래도 취업뿐만 아니라 모든 면에서 도움을 받을 수 있기 때문이다. 뮤지컬계를 달군 '인맥 캐스팅(casting)'은 이미 10년 전 방송가를 휩쓸고 간 논란이기도 하다.

노벨경제학상 수상자인 제임스 헤크먼(James J. Heckman)은 '머리 좋고 공부 잘하는 사람'보다 소프트 스킬, 즉 '인품이 좋은 사람'의 성공 확률이 높다고 밝혔다.

처음에는 똑똑한 사람이 잘나가지만 궁극적으로 따뜻한 사람이 성공하게 된다. 왜냐하면 타인을 배려하고 포용하는 태도로 좋은 인적 네트워크를 형성하고, 이런 관계를 통해 성과를 낼 수 있는 기회가 마련되기 때문이다.

인간은 태어나면서부터 집단의 일원으로 생활하게 된다. 프랑스의 사상가 루소는 "인간의 모든 지식 중에서 가장 유용하면서도 진보되어 있지 못한 것은 인간에 관한 지식이다."라고 이야기했다. 인간은 처음에 가족이라는 집단에서 시작하여 학교, 직장, 사회로 점차 그 활동 범위를 넓혀가는 것이 보통이다.

그러므로 인간은 어떤 입장·위치·지역 생활에서도 관계를 맺은 사람들과 화목하고 연결이 긴밀한 이상적 인간관계를 구축해야 한다. 인간관계는 과거 어느 시대의 인간관계보다도 질·양적 측면에서 다변화된 복잡한 양상을 지니고 있다.

취업지원기관은 다양한 사람들이 모여 있는 곳이다. 더욱이 직장 내에서 인간관계란 뚜렷한 목적 의식이 없는 사람의 단순한 집합체가 아닌, 특정 목표를 달성하기 위하여 조직화가 되어 있다는 점에 유의할 필요가 있다. 조직구성원인 직업상담자는 서로의 역할과 임무가 정해져 있으며 그것을 지키는 것은 원칙이고 약속된 사항이다.

인간관계는 어려운 과제이며 누구에게나 피할 수 없는 명제다. 학교생활과 다르게 사회생활은 남과 더불어 내가 존재한다. 주변 사람과의 원만한 인간관계 형성은 필연적이다.

학교생활은 주로 수평적인 인간관계(친구·동료 등)가 주류를 이루게 된다. 그러나 조직 생활에서는 자신보다 인생 경험도 많고 귀감이 될 수 있는 수직적 인간관계(선배·상사 등)에 관심을 갖고 주력해야 한다.

자신만의 고민과 문제의 늪에서 방황하는 것보다 수직적

인간관계의 틀에 공개하여 타개책을 모색하고 조언을 아낌 없이 받는 지혜를 발휘해야 한다.

직업상담자는 올바르게 역할을 수행하고자 할 때 여러 가지 인간관계 문제에 직면하게 된다. 인간관계에서 오는 장애를 어떻게 극복하느냐는 업무를 잘 수행하고 조직 생활을 성공적으로 하는 데 관건이 되기도 한다. 이상적인 인간관계란 직업상담 업무의 목표 달성을 지향하는 자발적 협력에 의한 관계이다.

NCS 직업기초능력 10가지 영역 중 '대인관계능력'은 직장생활에서 협조적 관계를 유지하고 다른 조직구성원에게 도움을 줄 수 있으며, 조직 내부 및 외부의 갈등을 원만히 해결하여 고객 요구를 충족시켜줄 수 있는 능력을 의미한다.

즉, 대인관계능력은 업무 수행에서 접촉하게 되는 사람과 문제를 일으키지 않고 원만하게 지내는 능력이며 팀워크능력, 리더십능력, 갈등관리능력, 협상능력, 고객서비스능력으로 구성된다.

대인관계능력을 향상시킬 수 있는 실천적 방법으로 '감정은행 계좌'(인간관계에서 구축하는 신뢰의 정도)를 적립하기 위한 6가지 수단이 있다.

첫째, 말과 행동으로 신뢰감을 주어라. 사람은 언어로 현실을 영위하는 과정을 통해서 자신의 삶을 창조하고, 이러한 삶의 창조를 통해서 사람됨을 이룩한다. 사람의 언어가

빈약한지, 풍부한지, 모호한지, 분명한지, 혼돈 상태에 있는지, 정리되어 있는지에 따라서 사람됨을 알 수 있다.

둘째, 사소한 약속도 지켜라. 인간관계에서 가장 중요한 것은 신용이다. 신용은 약속을 지키는 것에서부터 시작된다. 신용(信用)은 '사람이(人) 말을(言) 사용한다(用)'는 뜻이다. 기본적 약속은 자기 자신과의 약속이며 그 다음은 타인과의 약속이다. 사소한 약속이라도 일단 약속을 했으면 반드시 지키도록 한다.

셋째, 잠깐씩이라도 자주 만나라. 바빠서 못 만나겠다고 말하지 말라. 그것은 상대방을 무시하는 것이다. 안 보면 멀어지고(out of sight, out of mind), 만나지 않으면 인간관계도 멀어진다.

넷째, 작은 정성이라도 소중히 하라. 조그만 정성을 소홀히 하지 않는 사람이 큰일도 소홀히 하지 않는 법이다. 사소한 일에 정성을 기울여야 한다. 인간관계란 절대로 하루아침에 이루어지는 것이 아니다. 조그만 정성과 신뢰가 쌓이고 시간이 지나감에 따라 그 깊이가 더해진다.

다섯째, 먼저 마음을 열어라. 우리 주위에는 마음의 문을 꽁꽁 걸어 잠그고 사는 사람이 많다. 사람은 그릇이 커야 한다. 그릇이 작은 사람은 얻을 수 있는 것도 조금밖에 얻지 못한다. 만물을 포용할 수 있도록 넓고 크게 마음을 활짝 열어야 한다. 그러면 사람을 대할 때 자신감을 갖게 된다.

여섯째, 자신의 이익을 먼저 생각하지 마라. 이익을 생각하고 사람을 사귀는 사람은 쉽게 남을 배신한다. 사업상 만나는 사람이든, 우정을 위해 만나는 사람이든 이해관계를 초월하여 만남 그 자체 의미를 중요시해야 한다. 그러면 더 큰 이익이 돌아올 것이다. 인간관계는 성급하면 더 큰 손해를 본다. 무엇이든 베푼다는 자세로 임해야 한다. 주는 것이 곧 받는 것이다.

# 직업상담 글쓰기

글쓰기(작문·作文)는 '글을 짓는다'는 뜻이다. 여기서 '글'은 언어의 문자적 표현을 가리키고, '짓는다'는 창조행위를 의미한다.

작문이란 문자언어로 자신이 표현하고자 하는 생각이나 감정을 다른 사람에게 전달하여 이해를 시키거나 설득하는 행위다. 잘 쓴다는 것은 잘 느끼는 것이고, 잘 생각하는 것이며, 잘 말하는 것이다.

글쓰기를 통해 언어를 정확히 이해하여 효율적으로 표현하게 되고 논리적·분석적으로 생각하는 능력까지도 개발할 수 있다.

글쓰기 방법의 체득은 직업상담자에게 삶을 보다 깊이 있게 만들고, 직업상담 업무의 질적 향상을 이룩하여 조직생활과 사회 생활을 성공적으로 영위하게 한다.

기록학자 김익한 교수(명지대 기록정보과학전문대학원)는 『거인의 노트』에서 '기록'을 통하면 살면서 마주하는 다양한 한계를 극복할 수 있다고 말한다. 기록과 메모는 다르다. 메모란 잊지 않기 위해서나 남에게 전하기 위해서 간략하게 요점을 글로 적는 것이지만, 기록은 생각에서부터 출발한다.

적어둔 메모로부터 나의 생각 과정을 통해 한 단계 더 높은 수준으로 요약·정리하게 되면 비로소 진정한 내 것이 된다. 기록은 필요하고 원하는 것을 알게 해 준다. 현실성이 없는 헛된 꿈을 쫓기보다 상대적으로 더 가치 있는 활동을 선택하게 돕는다. 이는 곧 직업상담자 개인의 자기성장으로 연계된다.

글쓰기는 하루살이에 불과한 삶을 견디기 위해 영원을 추구하는 일이다. 글쓰는 사람은 훗날 누군가가 자기 글을 읽어주기를 내심 바란다. 글쓰기는 불멸을 원하지 않아도, 상상의 공동체를 염두에 두지 않아도, 다시 태어나기를 염원하지 않아도, 그럴만한 이유가 충분하다.

글쓰기의 또 다른 이유는 엄습하는 불안을 다스리기 위해서다. 쓰기 시작하면 불안으로 인해 달구어졌던 편도체(扁桃體)는 식고 진진두엽(前前頭葉)이 활성화가 된다. 쓰는 행위를 통해 마음적으로 진정될 수 있다.

글쓰기란 괴로운 일이지만 그만큼 기쁨과 보람을 준다. 힘겨운 운동을 해야 근육이 커지듯 글을 써야 생각의 근육도 자란다.

　미국 소설가 대니 샤피로(Dani Shapiro)는 『계속 쓰기 : 나의 단어로』에서 다음 내용을 소개했다. "글을 쓸 때 어디에서 영감을 얻나요?"라는 질문에 대한 답이다. 많은 사람은 작가에게는 영감을 얻는 특별한 비법이 있을 거라고 생각한다.

　샤피로의 답은 의외로 '성실함'과 '꾸준함'에 있었다. 실제로 그는 월요일부터 금요일까지 상점이 영업일을 지키듯 착실하게 작업하는 것이 일상이었다. 매일매일 은퇴를 기다리는 마음과 직업상담자로서의 일상을 다음 요령으로 직업상담 글쓰기를 하면 어떨까?

　SNS를 글쓰기 연습장으로 활용한다, 읽은 책을 요약하고 생각을 공유한다, 저자의 간결한 문장을 흉내 내기도 하고 좋은 문장은 내 것으로 만들려고 노력한다, 잘 쓴다는 것은 잘 느끼는 것이고 잘 생각하는 것이며 잘 말하는 것이다, 언젠가 차곡차곡 모아둔 글을 모아 출판계획도 수립해 본다.

　글쓰기를 위해 마음먹었으면 하지 말아야 할 일들이 몇 가지 있다. 전화 받지 않기, 이메일 확인하지 않기, 철자가 헷갈리는 단어 확인하지 않기, 글쓰기를 미룰 뿐인 자료 조사라는 미명 아래 인터넷 접속을 하지 않기 등이다.

　영국 주간지 이코노미스트는 "코로나 시기에 영상·음성 콘텐츠가 넘쳐나지만, 비대면 사회로 접어들수록 오히려 글쓰기는 그 어느 때보다 번창하고 있다"고 보도했다. 화상이나 음성을 통한 회의를 문서로 기록하는 일이 중요해지고, 파워포인트를 활용한 대면보고 대신 이메일 보고를 선호하기 때문이다.

온라인 동영상과 가상 현실 시장의 급성장도 글쓰기 르네상스에 한몫하고 있다. 영화·드라마 게임의 원천이 되는 창의적 글쓰기가 지식재산으로 각광을 받기 때문이다.

직업상담자로서 여정(旅程)을 가다 보면 여러 종류의 글을 쓸 필요가 생긴다. 정규 대학(원)에 재학 중이라면 리포트·보고서·학위 논문 등을 작성하거나 글을 써야 할 많은 프로젝트에 참여할 수도 있다.

직업상담자는 취업알선 현장에서 직업상담 업무에 임하다 보면 여러 관점에서 자기평가서도 작성하게 된다. 또한 직업상담자는 모든 구직자에 대한 평가 보고서와 슈퍼바이저(supervisior)에게 제출할 여러 서면 보고서도 작성해야 한다.

직업상담자는 추천서 작성, 프로그램 지원금을 받기 위한 계획서 작성, 인증을 위한 보고서 작성 등을 부탁받기도 한다. 직업상담 전문가의 경력에는 말과 글로 자신을 표현하는 것도 포함된다.

직업상담자의 직업상담 업무와 관련된 관리 업무에는 직업상담진행 사무와 직업상담실적관리 업무로 구분할 수 있다. 직업상담진행 사무는 직업상담 및 프로그램 운영과 상담면접 기록으로 구분된다.

직업상담 및 프로그램 운영이란 직업상담을 합리적으로 운영하고 성과를 극대화하기 위해 필요한 구조적 틀을 준비하고 활용하는 것을 의미한다. 직업상담 운영에 요구되는 양식에는 상담신청서, 상담과정 기록지, 상담사례 요약서, 상담일지, 직업상담프로그램 운영계획서 등이 있다.

상담신청서는 상담을 하기 전에 구직자로부터 작성·제출받는다. 구직자 개인에 관한 일반적 사항을 기록한다. 구인표 양식으로 대체하여 사용하기도 한다.

상담과정 기록지는 직업상담자가 상담을 진행하면서 작성함으로써 상담 효율성을 제고시킨다. 상담사례 요약서란 구직자 개인별 상담이 종결되면 직업상담자가 작성하여 여러 가지 용도로 활용된다.

상담사례 요약서 작성은 단순한 시간 낭비가 아니다. 기록 유지는 구직자에게 최상의 서비스를 제공하고 전문적 기준에 맞는 상담을 제공한다는 증거를 보여준다. 또한 정확하고 타당한 문서화 작업은 잘못된 직업상담 서비스에 대해 소송에 대처하는 효과적인 위기관리 전략도 된다.

상담사례 요약서를 작성할 때는 다음 사항을 유념해야 한다. 구직자가 그것을 읽을 수도 있다고 생각하라, 존중하는 태도로 쓰고 비속어 사용을 피하며 구체적 행동을 묘사하는 데 초점을 맞추어라, 정해진 시간 내에 기록하지 않은 것에 대해 어떤 이유도 받아들여지지 않는다는 것을 명심하라.

상담일지는 직업상담자가 하루의 상담이 종결되면 상담진행 건수, 구직자명, 상담횟수, 상담내용을 기록하여 보관하는 것이다. 직업상담프로그램 운영계획서는 직업상담프로그램을 운영할 때 작성한다.

상담면접 기록은 보관 자료이며 구직자를 보다 더 잘 이해하기 위해서 그리고 상담진행 내용의 검토를 위해 필요하다. 상담면접 기록이 필요한 이유는 첫째, 면접과정의 특성과 구직자 문제의 핵심사항을 이해한다. 둘째, 직업상담자 반응의 효과성을 검토하기 때문이다.

| 표 5 | 직업상담 관련 관리 업무

| 구 분 | 서 류(양 식) |
| --- | --- |
| 직업상담 진행 사무 | 상담신청서, 상담과정 기록지, 상담사례 일지, 상담일지, 직업상담프로그램 운영계획서 |
| 직업상담 실적관리 업무 | 상담기록지, 상담프로그램 결과보고서, 연구·조사 보고서, 강의교재, 강의계획서·만족도 조사결과, 컨설팅 기록지, 프로그램 참여자 출결사항, 교강사 출결사항 |

직업상담실적 관리업무 서류에는 상담기록지, 상담프로그램 결과보고서, 연구·조사 보고서, 강의교재, 강의계획서·만족도 조사결과, 컨설팅 기록지, 프로그램 참여자 출

결사항, 교강사 출결사항 등이 있다. 관련 결과 서류는 대부분 단위 프로그램이 종료되면 작성하고 유형별로 보관한다.

직업상담자는 모든 구직자에 대해 올바른 사례일지와 직업상담 업무와 관련된 서류를 작성해야 하므로, 특정 글쓰기에 필요한 기술을 배우는 것이 중요하다. 글쓰기 핵심사항은 적절한 단어 및 어휘의 선택, 단어의 뜻을 정확히 알고 상대방의 지적 수준에 어울리는 단어 사용, 풍부한 어휘력, 단어 선택 시 방언·특수어·외래어보다 표준어·일반어·고유어를 쓴다.

보고서는 상사가 지시한 업무에 대해 그 경과와 결과를 보고할 때, 보고내용이 길어지거나 또는 기록으로 남길 가치가 있을 때, 자의에 의해 특정 문제에 관련된 사항을 보고할 때, 대학(원) 재학 중 수업보고서를 제출할 때 작성한다.

의미 있는 보고서 작성지침은 다음과 같다. 완전한 문장과 표준어를 사용하고 표현을 개발하여 수준 높은 보고서를 작성하라, 개요를 작성하고 개요의 각 논점이 핵심 메시지와 잘 연계되는지 확인하라, 글의 시작 문단에서 메시지를 핵심적으로 제시하고 글을 마치는 문단도 만들어라, 제시하는 주제는 명확하고 핵심적이며 구체적인 것으로 표현하라, 자신의 생각을 논리적으로 개발하라, 근거 없는 진술을 하지 말고 이유를 제시하라, 자신의 고유한 생각이 반영된 글을 써라. 개인적으로 의미 있다고 생각하는 특정 주제에 초점을 연결하라.

직업상담자는 구인·구직자 발굴 활동에 대해 월별, 분기별, 반기별 또는 종료 후 현황과 추진사항, 문제점, 대안 등의 내용이 포함된 개선방안 보고서도 작성한다. 발굴 과정에서 확인된 문제점의 원인이나 유의사항에 대한 특이점을 확인하고 개선방안을 다음 요령으로 작성하는 것이 중요하다.

첫째, 사업개요를 작성한다. 홍보 기간, 일시, 장소, 대상 등의 홍보사업 계획을 요약하여 정리한다.

둘째, 목적을 작성한다. 홍보 활동으로 달성하려는 성과 등을 작성한다.

셋째, 주요 내용을 작성한다. 홍보 방법, 홍보 매체 선정, 홍보물 제작, 홍보 내용, 집행예산 등을 기재한다.

넷째, 세부 추진실적을 작성한다. 보도자료 배포, 홍보 매체별 제작, 배포, 게시, 활동 횟수 등 모든 홍보실적을 기재한다. 방송사와 일간지, 잡지 등의 보도실적은 해당 화면과 기사 등을 복사하여 작성한다.

다섯째, 홍보실적을 분석한다. 홍보 계획 대비 실적을 비교한다. 홍보 결과에 대한 매체별 장단점과 성공·실패 사례를 검토한다.

## 에필로그
Epilogue

코로나 시국에 무엇을 했는지도 모르게 세월이 지나갔다. 지식 소매상 전성시대에 소비 위주의 강의가 대세라는 것을 깊이 인식하고 심각한 결핍증에 시달렸다. 결핍은 '꿈의 밥'이며 한 가지 일에 깊이 몰입하게 만든다. 결핍을 강하게 느껴야만 그것을 채우기 위해 노력한다.

디지털 트랜스포메이션 시대, '어떻게 하면 직업상담의 진정한 가치를 올바르게 인식시킬 수 있을까?' 그것이 바로 장기간 내 마음속에 간직했던 주된 이슈다. 강의장에서 "자격증 취득을 목표로 하는 공부는 단거리 경주가 아니라 마라톤 경주와 같다, 부정(不正)한 성공보다 정직한 실패가 낫다."고 줄곧 가르치고 강조했다.

공부란 세상에 대한 올바른 인식과 자기성찰이며, 직업상담자의 삶을 가장 아름답고 행복하게 하는 최선의 방법이기 때문이다. 급습했던 두려움으로 숨을 곳을 찾아다니던 중, 두려움을 극복하는 최적 방법이 글쓰기임을 깨달았다.

영국 작가 조지 오웰드는 에세이『나는 왜 쓰는가』에서, 글쓰기를 "고통스러운 병을 오래 앓는 것처럼 끔찍하고 힘겨운 싸움"이라고 했다. 힘겨운 운동을 해야 근육이 커지듯 글을 써야 생각의 근육도 자랄 것이다. 단순한 영감이 아닌 생각의 근력(筋力)을 바탕으로 불타는 열정과 땀으로 빚어보자고 작업을 시작했다.

소중하고 생생한 경험을 성실하게 원고에 담아 그대로 녹여보기 위해 고군분투했다. '고통 없이는 결실도 볼 수 없다'는 진리를 마음에 끊임없이 되새기면서……. 성과가 작더라도 한계를 넘어 노력한 마음가짐과 행동에 스스로 만족하면서 위안을 찾아야지.

지혜로운 직업상담자의 직업상담 서비스가 필수인 시대다. 직업상담에 대한 사회적 수요와 구직자의 관심은 예전보다 많아졌다. 그로 인해 직업상담자 위상은 AI 시대의 삶에서도 보다 더 높아질 것이다. 이 책이 직업상담 서비스의 이론과 실천적 역량을 갖춘 전문 직업상담자 양성에 길잡이가 되기를 기대해본다.

아낌없이 독려와 문제의식을 심어 준 독자와 수강생에게 진정으로 감사를 전하고 싶다. 그들이 없었다면 출간은 어려웠을 것이다. 마지막으로 묵묵히 지켜보면서 지원을 아끼지 않은 가족에게도 고마움을 전한다.

# 참고문헌

구본성(역), 서비스 달인의 비밀노트, 세종서적, 2005.
국민내일배움카드 운영규정
권오상, 직업상담학, 서울고시각, 2013.
권일진·김희연·조현흠, 커리어 컨설턴트 프로페셔널, 북랩, 2017.
김득제, 직업상담 평생직업이 되다, 바른북스, 2020.
김민규, '직업상담사의 전문화와 슈퍼비전' 뉴스레터(4월호), 한국고용노동교육원, 2021.
김병숙, 직업상담심리학, 박문각, 1999.
김상호·오혁재, 민간자격 등록 및 공인제도 개선방안 연구, 한국직업능력개발원, 2014.
김승묵, 지적 대화에 필요한 유머와 위트, 리더북스, 2022.
김유배, 벼랑 끝에서 날개를 펴라, 서림출판, 2020.
김은석 외 4인, 공공 고용서비스(PES) 강화를 위한 고용센터 직업진로지도 기능 개선방안 연구, 한국고용정보원, 2020.
김익한, 거인의 노트, 다산북스, 2023.
김인규(역), 성장하는 상담전문가의 길, 학지사, 2014.
김정희·전태유, 소매마케팅, 도서출판 두남, 2006.
김진선(역), 멘토 리더십, 토기장이, 2011.
김진한, 직업훈련 교·강사 직업윤리, 한국기술교육대학교 능력개발 교육원, 2022.

김홍옥(역), AI시대의 고등교육, 에코리브르, 2019.
문성후, 리더의 태도, 카시오페아, 2023.
박소희 외 3인, 고용서비스 민간위탁 종사자 교육훈련 프로그램 개발 및 실태조사, 한국고용정보원, 2018.
박지환, 멘토 리더십, 한국기술교육대학교 온라인평생교육원, 2022.
송섬별(역), 번아웃의 종말, 메디치미디어, 2023.
안명희(역), 고객서비스 전략, 멘토르, 2006.
오동근, '선발에서의 역량기반 면접', 「월간 인재경영」(5월호), 에듀윌, 2009.
오성욱·최석현·윤호영, 국가 인적자원의 효율적 활용을 위한 고용서비스 제도구축, 기획재정부, 2013.
오성환, NCS 기반 성공면접·자소서 작성, 서울고시각, 2018.
오성환, 직업상담·심리학개론, 도서출판 두남, 2019.
오성환, 직장예절, 형설출판사, 2005.
오성환, 취업성공과 진로디자인, 도서출판 두남, 2020.
오성환·김금수, 비즈니스 커뮤니케이션, 무역경영사, 2009.
오성환·황유희·윤병일, 직업상담사 완전정복(직업상담학), 서울고시각, 2017.
이현주(역), 내 안에서 나를 만드는 것들, 세계사, 2015.
이혜성, '주객이 전도돼버린 상담자격증', 서울대학교 총동창신문(제451호), 서울대학교 총동창회, 2015.
조현지, 유머 유형의 선호와 활용에 관한 연구, 서강대학교 언론대학원, 2005.
차두원, '4차 산업혁명 기술과 인간은 어떻게 공존할 것인가' 나라경제(9월호), KDI 경제정보센터, 2017.
최순남, 인간행동과 사회환경, 법문사, 2005.
한국고용정보원, 국가기술자격의 노동시장 성과와 정책과제, 2009.

한국고용정보원, 직업-자격. 훈련-자격 연계 연구, 2008.
한국기술교육대학교 능력개발교육원, 식업훈련교·강사 직업윤리, 2022.
한국상담대학원대학교 한국상담원로 연구팀, 한국 상담원로의 상담자로서의 삶, 학지사, 2016.
한국전자통신연구원, '인공지능은 사람의 일자리를 위협할까', ETRI WEBZINE 3월호(VOL.156), 2019.
한국직업능력개발원·전국고용서비스협회, 학습모듈 : 01 구인구직자 발굴(LM0702010210_16v2, LM0702010211_16v2), 2016.
한국직업능력연구원, 취업상담(LM0702010155_20v3), 2021.
ww.q-net.or.kr
www.c.q-net.or.kr
www.law.go.kr
www.ncs.go.kr
www.wknews.net

## 직업상담자 직무능력 수준

| 직능수준 \ 세분류 | 직업상담 | 취업알선 | 전직지원 | 비고 |
|---|---|---|---|---|
| Ⅲ<br>(직무경험<br>: 5~9년) | 직업상담슈퍼바이저<br>직업심리치료사<br>직업상담강사<br>전직지원전문가<br>진로진학상담교사<br>취업지원관<br>커리어코치 | 취업상담<br>관리자 | 전직지원수석<br>컨설턴트<br>전직지원선임<br>컨설턴트 | |
| Ⅱ<br>(직무경험<br>: 1~4년) | 직업상담원<br>커리어컨설턴트<br>취업설계사<br>진로상담원 | 취업상담사<br>취업상담원 | 전직지원책임<br>컨설턴트<br>전직지원<br>컨설턴트 | |
| Ⅰ<br>(직무경험<br>: 1년 미만) | 취업알선원<br>잡매니저 | 취업상담<br>종사원 | | |

자료 : www.ncs.go.kr

## 교육·훈련기관 현황

| 중분류 | 소분류 | 세분류 | 학 과 | 교육훈련기관 구분 | 계 | 기관명 |
|---|---|---|---|---|---|---|
| 02. 상담 | 01. 직업상담서비스 | 02. 취업알선 | 직업학, 고용관계학과 | 대학원 | 2 | • 석·박사과정 경기대학교 직업학과, 건국대학교 고용관계학과 |
| | | | 직업상담 관련 전공 | 특수대학원 | 10 | • 특수대학원 전공설치 고려대학교 노동대학원, 숭실대학교 중소기업대학원, 숙명여자대학교 여성인적자원개발대학원, 한국기술교육대학교 테크노인력개발전문대학원, 가천대학교 경영대학원, 광운대학교 교육대학원, 중앙대학교 글로벌인적자원개발대학원, 연세대학교 교육대학원, 한양대학교 교육대학원, 성결대학교 |
| | | | 직업학, 고용관계학과 | 학부 | 1 | 한국기술교육대학교 |

자료 : 교육통계서비스(https://kess.ked.re.kr),
　　　대학알리미(http://www.academyinfo.go.kr)

## 저자 소개

■ **오 성 환** | 직업상담컨설팅센터 소장

현재 직업상담 분야를 대표하는 원조 강사 및 저자이며 직업상담 컨설턴트다. 직업상담사 강의를 전국의 여러 교육·훈련기관에서 열강했으며 저작으로 직업상담 분야에서 공헌했던 바가 컸다. 25년 가까이 이어진 강의로 수많은 직업상담사가 배출되어 다양한 직업상담 현장에서 책무를 다하고 있다.

그는 국내 최초로 2018년에 『과정평가형 직업상담사 2급』 표준통합본 발간에 선구자적 역할을 했다. 대표 저서인 『직업상담사 완전정복』은 직업상담사 자격시험의 베스트셀러가 될 정도로 선풍적인 인기도 끌었다. 과거 경력에 비추어 어디에서나 존재감이 있으며 자기만의 색깔이 분명해 직업상담을 재미있고 맛깔나게 설명할 수 있는 셀럽 강사 및 저자다.

디지털 트랜스포메이션(DT, DX) 시대에 직업상담은 왜 필요할까? 그는 오래전부터 남다르게 직업상담 서비스의 질 저하, 전문성에 대한 불신, 직업상담 서비스의 낮은 효용에 대해 응축된 깨달음을 가졌다. 직업상담자에게 희망과 위로를 주기 위해 직업상담 현장의 숨소리를 낮은 자세로 항상 경청하며 공감했다.

그러면서 자기 분야의 업적을 차곡차곡 쌓으면서 새로운 길을 열어가길 주저하지 않았다. 그만의 강력한 문제의식은 저작에 남다른 열정과 소신을 갖게 했다. 그 결실이 직업상담의 정수를 확실하게 꿰뚫은 바로 이 책이다.

건국대 경영학과 졸업 후 한국외국어대학교 세계경영대학원에서 국제통상학을 연구하여 석사학위를 취득했고 경기대학교·가천대학교 등에서 후학을 가르쳤다. 한국생산성본부 사내교육실장, 한국표준협회 주임전문위원, 경남사회진흥연수원 부원장, 성진 원격교육연구원 상무이사, 한국산업연구소 이사를 역임했으며 한국전통상학회 부회장 등 학술 활동도 전개했다.

저서로 『취업성공과 진로디자인』, 『직장예절』, 『직업상담·심리학개론』, 『공무원 면접 완전정복』, 『직업상담실무』, 『직업기초능력개발』 등을 펴냈다.

● **직업상담 셀프멘토링 노하우**

초 판 1쇄 인쇄 ── 2023년 7월 20일
초 판 1쇄 발행 ── 2023년 7월 25일
지은이 ── 오 성 환
펴낸이 ── 전 두 표
펴낸곳 ── 도서출판 **두남**
서울시 강동구 성내로 6길 34-16 두남빌딩
신 고 : 제25100-1988-9호
TEL : 02) 478-2065, 2066, 2067, 2311
FAX : 02) 478-2068
E-mail : dnbooks@dunam.co.kr
http://www.dunam.co.kr

● 정가 14,000원

ISBN 978-89-6414-972-0   03180